RIGHTS

from

WRONGS

A Secular Theory of
the Origins of Rights

你的权利从哪里来？

[美]艾伦·德肖维茨（Alan Morton Dershowitz）著
黄煜文 译

权利来自哪里？这个问题的答案之所以如此重要，是因为权利的来源决定了权利的地位与内容。

在权利尚未遭到侵害之前，我们总是将它视为理所当然，而当我们面临失去的危险时，我们才开始珍视它。

最能维护权利的方式是主动而持续地为权利辩护，而非被动地仰赖"最高的权威"。

有人说，一开始敢于焚书的政府，最后必定敢于焚烧人民。这种说法或许过度概括了历史，但它却指出了重点：实行政府审查通常会引起其他恶行，例如告密、搜查、宣誓效忠、胁迫与拷问——这些行为往往隐藏在审查制度之中。

在民主制度里，真正的统治者最终还是人民。如果司法判决与公民的深刻经验相抵触，这样的判决不可能长存。我们必须不断证明权利是有用的，是防止恶行的必需之物，也值得我们付出代价为之追求。由于人类及人类组成的政府总是不断在其他人类身上加诸新的恶行，因此我们必须持续建构新的权利。由于权利是获得自由与公平的过程而非目的本身，因而权利的斗争永远没有获胜的一天。由于恶行总是存在，因此权利也永远长存。

谢　辞

《你的权利从哪里来?》可谓我一生著作的缩影——将近半个世纪以来的思索、教学、写作与倡议——因此它得益于许多同事、学生、朋友与家人的协助。我要特别感谢我目前的研究助理：布伦金索协助编制注释，并且对文本提供极具洞察力的评论；西特伦、魏斯、扎伊奇克与斯坦的研究；瓦格纳全盘协助完成手稿。我还要感谢编辑福路克特的细心改正，经纪人利斯与 Basic Books 的所有专业人员，特别是休梅克。我也要感谢玛莎文雅朋友的多管闲事，他们可说是创意十足。跟过去一样，我最感激与热爱的还是我的家人，他们总是温柔而充满鼓励地批评我。

最后，我要感谢所有参与这场永恒的权利斗争的人。

目　录

导　论　权利来自哪里？　001

第一篇　权利的来源　011

第一章　权利是什么？　013
第二章　权利来源于造物主吗？　019
第三章　权利来源于自然吗？　023
第四章　权利还有其他"外在"来源吗？　032
第五章　立宪民主真的需要权利外源理论吗？　040
第六章　我们需要发明外在的权利来源吗
　　　　——即便它并不存在？　049
第七章　自然法是有利还是有害的虚构？　056
第八章　什么才是权利的来源？　069

第二篇　对权利源于经验的质疑　085

第九章　总有正确答案吗？　087
第十章　如果权利不是来自造物主或自然，我们
　　　　该如何区别权利与单纯的偏好？　097

第十一章　经验取向是否会混淆哲学与社会学？
　　　　　　　　　　　　　　　　　　　　　　105
第十二章　权利会产生恶行吗？　　　　　　　119
第十三章　权利外在来源的争论是否为自由主义
　　　　　与保守主义之争？　　　　　　　125

第三篇　经验权利理论在具体问题上的运用　131

第十四章　经验权利能否钳制多数决的滥用？　133
第十五章　"生命"权存在吗？　　　　　　　146
第十六章　不受政府审查的权利存在吗？　　　151
第十七章　要求政教分离的权利存在吗？　　　158
第十八章　迁徙的权利存在吗？　　　　　　　161
第十九章　动物有权利吗？　　　　　　　　　165
第二十章　死者能对自己的器官主张权利吗？　172

结　论　　权利的未来　　　　　　　　　　　182

注　释　　　　　　　　　　　　　　　　　　201

导 论

权利来自哪里？[1]

在一个充满犯罪的世界里，权利的重要性变得无比关键。在权利尚未遭到侵害之前，我们总是将它视为理所当然，而当我们面临失去的危险时，我们才开始珍视它。今天，各种强大的力量对我们长久以来视为理所当然的权利构成极大的威胁。同时，许多权利的护卫者坚持我们应该接受本质上以信仰为基础的权利依据。辩论变得充满争议，其中一派主张全球恐怖主义的新现实改变了所有事物，另一派则认为，恐怖主义并没有改变任何事物。为了在安全与自由之间找到妥善而不断变动的平衡点，我们需要更为细致的讨论。任何讨论都必须涵盖这个问题：权利来自哪里？这个问题的答案之所以如此重要，是因为权利的来源决定了权利的地位与内容。

美国的建国文献《独立宣言》指出，上帝是我们权利的源泉。在美国开国元勋视为"不言自明"的众多"真理"中，有一项主张是某些权利"不可剥夺"，因为权利的来源并非政府，也非人民的同意，而是来自"造物主"的赋予。凡上帝所给予的，无人能夺走。如年轻的汉密尔顿在美国独立革命前夕所坚定主张的："人类的神圣权利并非翻寻自羊皮纸或陈旧记录……它们是由上帝亲手书写——在光照之下——于**整部**人性之上,光凭人类的力量不可能将之磨灭涂销。"[2] 这个观点并未过时。2002年,美国总统小布什曾说:"我们只需用常识判断,便能了解我们的权利来自上帝。"[3]

　　如果事情真有那么简单,那就太好了!如果真有一个我们每个人都信仰的上帝从天而降,赋予人类世界一份清楚完整的权利清单,护卫这些神圣权利,使之免遭他人剥夺,将会是十分容易的事。可叹的是,权利由上帝亲手写下,这种想法只是美国人坚信的建国神话,与上帝在西奈赋予摩西十诫、对穆罕默德口授古兰经,以及史密斯发现金板*并无不同。

　　就神圣来源与权利不可剥夺的真实程度来看,历史已经证明美国开国元勋的说法完全是错的:事实上,自从建国之初,每项权利都已被政府剥夺。美国独立后不到一个世纪的时间,开国元勋就把原先他们宣告为不可剥夺的权利一一撤销。亚当斯是《独立宣言》的起草人之一,他剥夺了言论自由与表达异议的权利,当他担任总统时,在汉密尔顿的强力支持下执行了《客籍法和镇压叛乱法》以对付政敌。[4](也许汉密尔顿的上帝并未将"神圣权利"给予杰斐逊派分子!)另一位《独立宣言》的起草人杰斐逊则剥夺了人们最基本的权利——法律应予每个人均等的保障,这是基于"人生而平等"的"真理"——就在草拟《独立宣言》的几天后,他又协助起草(并增补)弗吉尼亚州的《奴隶法典》。修正后的《奴隶法典》否认黑奴拥有自由权利与追求幸福的权利,并对试

---

* 美国本土宗教摩门教的一个传说。传说耶稣复活后曾来到美洲传播福音,犹太人十二部落的一支——尼腓人的先知摩门记录了这些启示,他的儿子摩罗将其刻在一些金板上。1820年,天使摩罗向约瑟·史密斯显灵,带他到纽约州的五指山下挖出了刻着经文的金板,经过史密斯的翻译整理,形成《摩门经》。——编者注

图逃亡的黑奴处以"剥夺法权"（outlawry）或死刑的惩罚。杰斐逊曾怀疑"黑人……在肉体与心智的禀赋上劣于白人"。换句话说，黑人从造物主那里得到的并不是平等，而是劣等。

每逢危机与战争，权利往往遭受搁置与践踏，即便是在几位最伟大的美国总统任内。华盛顿是《客籍法和镇压叛乱法》的坚定支持者。林肯中止了人身保护令状。威尔逊授权"帕尔默袭击"（Palmer raids），让司法部长在违反人权的情况下搜索、逮捕并监禁了数千名可疑的激进分子。富兰克林·罗斯福甚至不经正当法律程序就下令监禁十万名以上的日裔美国人。富兰克林·罗斯福也在没有陪审团的情况下，召集了军事法庭来审判一名在美国为德国进行间谍活动的美国公民。杜鲁门与艾森豪威尔虽然对麦卡锡参议员感到厌恶，却在冷战期间剥夺了政治异议人士的权利，大举起诉共产党员、前共产党员以及有同情左派之嫌的人。

这些先例被小布什、他的司法部长以及一些法官所引用，作为剥夺我们最重要权利的借口（或许小布什的上帝并没有将这些权利给予涉嫌恐怖主义的美国公民或监禁在古巴关塔那摩的外国人）。差别在于过去的权利剥夺是暂时的，只存续于战时或危急期间，但如今，反恐"战争"的本质却是永无止境。当前的敌人不会正式投降，因此也不会出现和约、胜利游行或凯旋日。无论现今法院所授权剥夺的是哪一种基本权利，其效力都将影响数个世代。而剥夺也将成为常态。

如果我们只有在权利遭受危险时才懂得珍惜权利，此时正是珍惜权利并努力保护权利的时刻。但愿我能对权利的神圣来源提出智识上令人满意的论证，就像几位开国元勋一样。这种论证在策略上是最有力的，尤其是因为在美国有很多人深信上帝处处干预着人事。然而，我无法提出这样的论证，因为我不相信"神圣之手""不可剥夺"或"自明真理"这类概念。我是个实用主义者、效用主义者、经验主义者、世俗主义者与道德相对主义者(愿上帝宽恕我)。* 我反对绝对。(唯一的例外是"我反对绝对"这句话本身是绝对的,这就如同萧伯纳的讥讽妙语:"所谓黄金律就是根本没有黄金律"。)

我认为,没有任何权利可以在极端状况下免予某种程度的剥夺或衡量。尽管如此,我仍坚信权利的概念以及某些特定权利(例如平等、正当法律程序、良心与表达自由、民主参与、生命,以及自由)的存在价值。长久以来,我一直致力于扩充前述以及其他权利,并试图防止它们遭受剥夺。虽然我接受这样的现实,了解权利事实上在极端状况下会减损,但这些极端状况发生的可能性微乎其微,不能以此来决定每个社会在遭受困难挑战时的权利内容。权利的重要功能之一,就是在困难时期防止(或减缓)民众的恶行。极端不该被视为规范,而是例外。滑坡谬误(slippery slope)并不是用来反对不断限制权利的论据,它的作用在于提醒众人,权利非常容易遭到剥夺。

正因反对"绝对"与"神授",所以我认为在面对权利时,采取实用主义、以人为中心以及相对主义的立场十分重要。而这也是我在这本小书中所尝试做到的,从最基本的问题开始:权利来自何处?或者,讲得更具体一点:我们所拥有的权利,其来源究竟为何?

这个问题关系重大,因为在缺乏像"造物主"或"自然"这类权威的权利来源下,人们可以轻易主张,在民主制度中,人为的权利必须屈从于多数人的偏好与当前需要。除非有胜过多数人偏好的强制性权利来源出现,否则在民主制度中就是以多数决来决定。试想一个崭新的民

---

* 我是个道德相对主义者,这一点在本书稍后将作解释。虽然我仍坚信某些权利与某些道德原则,但我承认在一些例外状况下,这些权利与原则必须以生存的无上命令来衡量。

主政体在远方岛屿(或星球)上成立,当中所有的人都同意每个成人一票的原则。有人问道:"少数人的权利该怎么办?"此时自然有人反问:"这些人的权利来自哪里?他们的权利究竟有哪些内容?它们凭什么凌驾于多数人的决定之上?"

第一种古典解答认为,权利来自于法律之**外**,例如自然、造物主、人类本能或其他客观现实。这种理论(或者更精确地说是一套理论)一般称之为自然法——"自然的法则与自然上帝的法则"——它是殖民地居民用以自绝于大不列颠的主要权利来源。* 第二种古典解答认为,权利在法律之**内**——权利是法律本身所授予的。这种说法一般称之为实定法。

在本书中,我要挑战古典自然法与古典法律实证主义两种权利取向,并提出第三条路——以培养(nurture)**而非自然为基础的经验取向。这个取向将自下而上,而非自上而下地建立权利理论。它检验不正义的历史、归纳经验的教训,并以这些教训为基础来倡导权利,进而建构理论。因此,我倾向于认定权利的主要来源是培养而非自然。如果要取个好听的字眼,我认为"培养的权利"(nurtural rights)要比"自然的权利"来得悦耳。

15世纪伟大的犹太评释家阿布拉瓦内尔曾经提到:"经验比逻辑更

---

* 美洲殖民地居民几乎没有选择,因为革命本来就是一种法外的救济之道,无法借由既有的"实定"法来合理化。参见第六章以下。《独立宣言》也从经验出发,提出英王对殖民地居民所做的种种恶行。1689年,英格兰的《权利宣言》引用了大不列颠"已知的法律与法规"作为权利来源,但就在将近一个世纪之后,这些法律却在美洲殖民地居民身上施加了重大恶行。

** 德肖维茨在本书中创设了一个重要的术语"nurture",这个词被用来与"nature"相对。作者的权利来源理论认为,权利并非来自于自然法则,而是人类从过去经历的非正义恶行中得到教训,逐渐建立和积累起权利体系,以避免重蹈覆辙,这个过程被他归纳为"nurture"。"nurture"这个词并非一个既有的法理学术语,也无通用的译法,台湾繁体版的译者将其译为"养育",编者为方便大陆普通读者的理解改为较为通俗的"培养"。——编者注有力量。"我将这句话略作修改:光有逻辑或经验还不够。缺乏经验基础,逻辑空泛且无方向;但没有逻辑,经验会无的放矢并容易受到各种含意的左右。只有运用好的逻辑,才能从坏的经验中得出正确的教训。[5]

我的权利理论所提供的主要新洞见在于,为了判断一般或特定的权利是否有助于实现某个既定社会的目的,我们不一定非得具备"完美""最佳"或者以至"良好"社会的概念不可。我反对亚里士多德的看法,他认为要定义权利,就得先定义"最可欲的生活方式的本质";我认为,只要对坏社会和对造成坏社会的恶行具有基本认识——或共识——就足够了。以这种恶行经验为基础,便可设计出权利以防止(或至少减缓)恶行再度发生。

将权利体系建立在公认的恶行而非理想的完美境界之上,可以带来实质的好处。我们永远不可能对什么是最好的,或者什么是良好的社会达成共识。举例来说,对于一种纯粹的精英政治是否优于一个以消减经济、种族与群体差别为基础的社会,美国人永远没有一致的看法。多去教堂并遵照信仰行事,或是以理性与科学为准生活,哪一种可以构成更好的社会,我们对此也无共识。[6]我们无法在今天的经济需要与明天的环境问题之间取得完全的平衡,同时也不知道对这个星球而言,是严密地分成各个民族国家好,还是汇聚成单一的世界政府好。

但我敢拍胸脯保证,我们几乎都同意不会有人想看到犹太人大屠杀、斯大林大清洗、柬埔寨与卢旺达的种族灭绝、奴隶制度、私刑、宗教裁判所或超过十万名日裔美国人遭受监禁的事件再度重演。[7]绝大部分理智的人都认为针对平民的恐怖主义是不正义的,特别是在"9·11"攻击事件和巴厘岛与马德里爆炸案之后。虽然我们目前仍无法从这些可怕的历史教训中得出完全的共识,但不正义所带来的集体经验却可作为建构权利理论的卓有成效的基础。*

将权利理论建立在人们所公认且力图避免的过去恶行上,要比建立在众说纷纭的理想完美社会概念上来得实际。除此之外,从恶行的经验反应中所产生的权利理论,要比以人类经验之外的来源为前提的理论更具经验性、可观察性与可争辩性,并且毋须依赖无法证明的信仰、隐喻与神话。因此,我的权利理论基本上要比神法或自然法理论更为民主、更不具精英色彩。同时,我的权利理论也较为可信而诚实,因为权利并非自然事实,如同牛顿定律般"存在"于某处,等待人们去发现、演绎或感知。所有的自然权利或神圣权利理论都是人类创造出来的法律虚构物,用以满足外在与永恒权利来源的既有需要;钳制人性与实定法所产生的恶行。自然或神圣权利理论有时是种善意的虚构,虽然如此,它们终究还是虚构物,再多的需要也无法将它们转变成事实。除此之外,自然与神圣权利的虚构固然可以用于善意的目的,却也可以用于恶意的目的。无论如何,以下这点是确切无误的:权利是人类心智以人类经验为基础而设想出来的法律建构物,这些建构物必须在公众意见的法庭中通过一贯的辩护。它们必须来自于人类对不正义的经验。

本书呈现的权利理论概要如下:

- **权利并非来自造物主**,因为造物主并未以一致的声音对人类说话,而就算没有造物主,权利应该也会存在。

- **权利并非来自自然**,因为自然是价值中立的。

---

* 我的取向并不要求所有人或几乎所有人都得认定这些事件或其他事件完全不正义。举例来说,最近我碰到一位颇有名气的教授,他试图为十字军辩护,但很快地,我发现他完全不知道十字军曾经大量屠杀犹太人、穆斯林与异教徒,其中还包括了数千名婴儿与孩子。因此,我要为自己的陈述设定条件:对于那些试图防止这类事件再度发生的人来说,某些权利的确立绝对有其用处。

- **权利并非来自逻辑**,因为人们对于权利赖以演绎的先验前提几乎没有共识。

- **权利并非只来自法律**,因为假如果真如此,我们对既有法律体系的判断将缺乏依据。

- **权利来自于人类经验**,特别是不正义的经验。我们从历史的错误中学到,为了避免重蹈过去的不正义,以权利为基础的体系以及某些基本权利(例如表达自由、宗教自由、法律平等保护、正当法律程序与参与民主)至关重要。由下而上,从不正义经验的反乌托邦观点出发,而非由上而下,从完美正义的乌托邦理论入手,我们将权利建立在灾难、错误以及人类独有的从错误中学习以免再次犯错的能力上。[*]

- 一言以蔽之,**权利来自不义**。

我将在本书中详细说明"培养"权利的经验取向,并试图在这个充满恶行的世界里为权利提出具有说服力的论据。我把这些恶行当成是构建权利的基石。我要显示权利并非永恒,而是随着时空而变化。权利演变的步伐并不固定,有时会在历史的某个阶段为了回应最严重的恶行而突然急速发展。当人类认识到奴隶制度、种族灭绝与宗教迫害所造成的种种恶行时,他们便建构出新的权利来防止过去的恶行再度发生。因此,最重要的权利通常出现在最恐怖的恶行之后,也就不会令人意外了。

我不相信权利存在于人类经验之外——它们并非造物主赋予,亦非自然赋予,也非永恒——因此我所能做的,只是为权利辩护而已。我一直相信最能维护权利的方式是主动而持续地为权利辩护,而非被动

---

[*] 从错误中汲取教训的能力,虽然只局限于人类(至少就长期的教训而言),但并不总是为人类所用。我们经常重蹈以往的覆辙并屡尝苦果。参见 George Santayana, *The Life of Reason: Reason in Common Sense* (New York: Dover, 1980), p. 284。

地仰赖"更高的权威"。每一天都会有对既有意识形态构成威胁的新挑战出现,不过它们也是为权利辩护的新契机。

最新的挑战来自恐怖主义的威胁,特别是宗教所激发的全球恐怖主义,加上大规模毁灭性武器的易于取得。这种恐怖主义不只否定了直接受害者最基本的自由权,也让各国政府有借口将那些涉嫌与恐怖主义共谋的人以及其他个人或团体的权利予以缩减。这种全新的恐怖主义经验,理当影响我们未来的权利取向。不过,也有一些人认为,由于权利是不变与不可剥夺的,因此权利的内容应该保持停滞,不受持续变动的经验影响。* 在本书中,我的论证不同于这两种极端看法,我支持不断变迁的权利取向,这种取向不仅限制权利的滥用,也保护人们不受不断变迁的恶行的侵害。在本书中,我将我的权利取向应用于我们目前所遭遇的恶行——包括恐怖主义本身——以及政府因畏惧恐怖主义而过于轻易地剥夺我们权利的做法,以此来测试我的权利取向。

如果权利会因经验的变化而扩张,权利同样也会限缩。静态权利理论的好处在于因为它认为权利不变,所以权利根本没有任何限缩的理由,坏处则在于它在面对不断成长的恶行时仍不容许权利扩张,也不允许旧权利在面对新恶行时进行调整。静态权利就像利率固定的长期贷款,即便市场的利率变动,支付金额也不因此而增减。

联邦最高法院大法官斯卡利亚坚持主张宪法及其包含的权利是"死的";美国《人权法案》明确表示"它所意指的权利,乃是法案被采纳当时所包含的权利"。斯卡利亚认为,这种诠释模式能让我们的权利更

---

* 有些自由派人士反对停滞的权利观点,并支持以不断变迁的环境为基础的权利扩张概念。不过,这群自由派人士却同样率先反对缩减或限制这些以不断变迁的环境为基础的权利。无论如何,任何一种针对动态权利概念而产生的思想一贯论证,都必须考虑到权利偶尔还是有遭到限缩的可能。参见本书结论。单向棘轮是个隐喻,而非论证。

"持久"。[8]至于主张"演化中的"权利的人士,如已经过世的布伦南大法官,则谴责斯卡利亚的取向将我们祖先的死亡之手加诸活生生的法律之上——也许可以称为"亡者政治"。然而尽管有着"演化中的"权利这样的隐喻,但现实中法律变迁并非总是朝着单一方向发展。

我的取向的挑战乃是要说服民众,经验告诉我们,基本权利一般最好还是往扩张与调整的方向移动,而非限缩或停滞不前。然而这当中亦无绝对。动态取向是一把锋利的双刃剑,两方面都可能是它砍劈的对象。

第一篇

权利的来源

第一章

权利是什么？

权利*这个词的历史并不久远，但它蕴涵的观念却可追溯到圣经时

---

* **权利**这个词有时被用来合理化君王或国家的权力，如国王的"神圣权利"，或"政府拥有征税的权利"。霍布斯在《利维坦》中提到，政府拥有最高的统治"权利"与检查危险言论的"权利"。依我看来，这是将"权利"与具有正当性的"权力"混为一谈。

权利这个词通常用于个人与个人的争端上，这当中不存在政府的直接介入，比如"你挥舞拳头的权利，到我的鼻尖为止"，或是"我有隐私权，任何报社都不许侵犯"。而后者对"权利"一词的运用更为复杂，因为在规范个人行为与解决个人争端上政府扮演着更为重要的角色。如果受害的个人提起法律诉讼控告私人报社，则这件诉讼必须通过政府的司法机关来解决。在法庭上，个人引用法律保护的隐私权，私人报社则引用美国宪法第一修正案的出版自由权。法院若判决报社必须支付赔偿金给个人，这便构成了政府强制——国家行为。

与政府相对的个人权利，其古典定义是对抗政府权力——消极权利（*negative rights*）。近来，积极权利（*positive rights*）概念开始受到关注。这些权利将某些应当作为的义务加诸政府身上。举凡教育权、医疗权、工作权等都属于积极权利。另外还有一些权利同时牵涉到积极与消极两方面。这些权利包括环境权——不让树木遭到砍伐或河流遭到污染的权利，以及迫使政府采取环境保护行动的权利。

最后是所谓凌驾于国家之上并适用于所有政府的"人权"（human rights）。有些人权是条约明确规定的积极权利，其他则是自然权利或习惯法上的权利。

代。[1]权利这个词也充满了暧昧、多重的意义,并且遭到蓄意的误用。*字典对权利的定义如下:

> 依据正当的权利请求、法律保证或道德原理,将某物归属于某人……依据法律而使某人获得权利、特权与豁免……法律上可行使、要求他人作为或不作为的权利请求;已受确认且受保护的利益,侵害该利益将构成不法行为。

在本书中,我只讨论与政府有关的个人权利——它可以对侵害个人的政府权力(即便多数公民都支持这样的行为)施以限制。这种权利概念具体化于美国宪法之中,《人权法案》开宗明义地指出:"国会不得制定法律……"这些消极权利包括不受政府检查、不被强行入罪、不受残忍而不寻常之惩罚的权利。这些古典的"消极"权利与新创的"积极"权利(如国民受教育权、医疗权或工作权)形成强烈的对比。我所主张的权利概念是基于限制政府权力剥夺这些基本的自由,而以往的经验显示这种做法乃是防止曾经的恶行再度发生的关键。

了解这一点,便会发现权利在本质上是不民主的,因为权利限制国家执行多数人的偏好。如果承认受害人的请求是权利,这一请求将胜过多数人的意志。权利如同一张强有力的王牌,足以胜过"利益"(in-

---

* 除了个人之外,还有各种加在权利前面的修饰语。这些词汇包括了人类、公民、自然、固有、神圣(或神授)、不可剥夺(或不可让渡)。这些修饰语有时会传达出细微的差异。另一个区分则是"消极权利"与"积极权利"。关于这点稍后会再做详述。

terests）与"偏好"（preferences）。*

相对于多数人的偏好，为什么权利可以拥有特殊地位？为什么权利能胜过多数人的意志？这些用来约束多数权力的权利来自何处——来自上帝或人类、天性或教化？是来自法律之外，或仅仅是法律的创造物？权利是否固有而不可剥夺？抑或只是一种多数人可自我加诸并可自我废除的限制？哪些人得到授权而能行使权利对抗政府与多数人？权利是否绝对，或者必须与其他考量一起权衡？如果权利彼此冲突呢？谁来决定哪个权利占有优势？权利是否与时推移——例如在紧急状态下——还是永恒而普世？权利是否因地制宜——例如在不同的文化中——还是不受地点变动的影响？

在这些问题当中，不管是从理论，还是从实务来说，最具挑战性的就是"权利来自何处"？权利的来源决定了权利的地位。如果权利来自上帝，权利的确"不可剥夺"，美国《独立宣言》以及汉密尔顿的说法即属此类。如果权利来自自然，权利便如物理学与天文学的自然法则般固定不变。（在英语世界，**法**〔*law*〕这个字既可以是人为的行为准则，也可以是用来描述自然的公式。这两种意义造成人们对"自然法"〔natural law〕一词的混淆。）然而，如果权利只是人类立法的产物——如果权利是发明而非发现——权利便可由原先设计它们的人加以修改，甚至废除。此外，如果权利来自上帝或自然，我们如何得知特定的权利是否存在？上帝或自然并未直接告诉我们。即便是德尔菲（Delphi）神谕都

---

* 哈耶克认为："只有蛊惑民心的煽动者才会认为这样的限制是'反民主'，事实上，这种限制正是民众得以抵抗暂时性多数权力的长期决策与一般原则。"Hayek, *The Constitution of Liberty* (Chicago: University of Chicago Press, 1960), p. 181，引自 John Hart Ely, *Democracy and Distrust* (Cambridge, Mass.: Harvard University Press, 1980), p. 63。哈耶克认为这只是与长期的民主决策的**暂时**冲突。此外，哈耶克所引用的"一般原则"往往掩盖了政治或意识形态偏好，哈耶克的例子就是如此。

说得比自然的上帝清楚。上帝曾赋予我们携带武器的权利吗？自然有给予我们饲养宠物的权利吗？17世纪的哲学家霍布斯定义自然法是"永恒的法则"，而且可能也是普世的法则。然而世上并不存在这种法则，而且当然不可能有任何权利可以超越时间与空间。实定法权利非常容易辨识，因为它们出现在人人皆可翻阅的法律典籍上。因此，最大的问题还是权利来自何处。

有时候我们以描述的方式来使用**权利**一词，作为一种"权利存在"的简单陈述，例如"宪法赋予我不受政府检查的权利"。这是传统法律实证主义对"权利"的定义——以制定的法律作为权利请求的基础。*权利可能来自成文法、普通法、宪法，或是以其他众所接受的权威来源为基础，例如条约、公约或契约。[2]然而描述性的权利不一定非源自实定法不可。杰斐逊与汉密尔顿并没有说我们**应该**拥有某些自然权利，而是说我们**的确**拥有这些权利，这是造物主所赋予的。他们公开提出这一点，认为这是自明的"事实"，而非"应该拥有之物"。

有时候"权利"的行使具有规范性，例如，"我应该有做任何事的权利，只要不伤害他人"。这是密尔为普世权利该是什么所定下的规范。用浅显的话讲，这项权利主张就是"你挥舞拳头的权利，到我的鼻尖为止"，或者说得更切题一点，就是"你吞云吐雾的权利，到我鼻孔入口处为止"。然而除非权利被制定为法律条文，否则将缺乏实定法的地位。

---

* 根据《现代法律用语词典》（*Dictionary of Modern Legal Usage*），"实定法——指涉的主要是成文的法律与法规——也许可以定义为特定社群中由政治优越者强制实施以治理该社群成员的法律，这种法律应与存在于理想社群或非政治社群中的道德律与惯例区别开来。"见 *Dictionary of Modern Legal Usage*, 2nd ed.（New York: Oxford University Press, 1995）, p. 672。

实定法也可简单定义为"由有组织的法律社会的政府以正当权威实际与明确执行或采纳的法律"。*Black's Law Dictionary*, 6th ed.（St. Paul, Minn.: West Publishing, 1990）, p. 1162.

霍姆斯大法官曾经讽刺当时以某位颇受欢迎的学者的哲学为基础的权利主张:"宪法第十四修正案并不是斯宾塞先生的社会静态学的成文法。"[3]

一项权利请求究竟属于描述性还是规范性,经常引起混淆,因为并不是每个人都了解法律——不管是实定法,还是自然法——的真正内容,但几乎每个人都对自己的权利有一套看法。

法律实证主义认为所有法律——以及所有权利——的基础在于人类所制定的规则,而自然法认为权利内容的基础在于外在来源,如上帝、自然、理性或某种客观实在的观念。自然法理论家虽然对权利来源存有歧见,但都同意权利来源外在于实定的人类法律,而这个来源确实或应该决定了权利内容。换言之,自然法假定我们不可能独自创造权利——某个超越人类发明能力的东西决定了道德、法律与权利的内容。[4]身为人类,我们的任务就是要找出这个来源。所有的法律与权利都与这个探索过程有关。以《英国法释义》深深影响了英美法理学的布莱克斯通爵士认为,人类法律不可与上帝律法相矛盾,若有违背则失去有效性。汉密尔顿坚持权利亦是如此。如果权利来自上帝律法,它势将取代人类法律或人类权威。问题在于如何辨识上帝律法。对于圣经基要主义人士(这些人跟宪法"原旨主义人士"没什么两样)来说,要辨识律法似乎简单得让人无法相信:一字不漏地遵守立法者的文字(与原意)。然而上帝的文字却充满了暧昧。

自然法的拥护者经常发现实定法与自然法的冲突。举例来说,美国最高法院判决承认妇女有选择堕胎的权利,许多人认为这侵犯了胎儿的生命权。一些自然法支持者表示,虽然最高法院的判决在宪法体系中占有实定法的地位,但这些判决并非上帝、自然或理性所指示的"律法",因此正直者不应遵守这些判决。我的同事温瑞伯(Lloyd Weinreb)曾说,自然法主张"未能遵守重要的普遍道德原则的实定法法律,无义务性且不配成为法律"。[5]另一些人则认为,实定法应该受到遵守——基于谨慎或民主理由——但仍应持续努力使之与自然法合致。即便人类胚胎细胞研究现在已得到各国实定法的授权,但为了谴责这项研究,梵蒂冈还在最近宣布它"极不道德,因此是个极不正义的行为"。[6]同样的情况也发生在同性婚姻上。最近,有位主教对于法院试图对"自然"而"神圣"的婚姻制度定义进行修改并给予同性恋者婚姻权大表不满,他认为这是一种"僭越"。

不管权利的来源为何,大多数人都视权利为某种特殊之物,应受尊重且不可等闲视之。至少,权利应该与单纯的偏好或利益有所区别。权利应该更为持续而牢固——权威无法夺走权利,至少在没有强制理由时如此。即便是民主制度,多数人也没有权力践踏少数人的权利。基本权应该比单纯的立法偏好更加难以变更。权利调整的过程必须审慎。用来说明权利变动的理由必须具有说服性、制度性与长期性。美国宪法的设计者明白,必须要有某种机制——不管有多么不便与艰难——来变更实定法的权利,因此才有了修正宪法的程序。

对于那些相信造物主是权利来源的人来说,他们认为权利的不可变更是神圣的。对于那些相信是人类设计或发明权利以防止恶行再度发生的人(我便是其中之一)来说,我们认为自己有着特殊义务要拥护权利在民主社会中的核心地位,并鼓励其他人如此认同。我们背负着沉重的说服责任,但我愿意承受。我将攻击那些以上帝或自然为权利来源的主张,作为本书的起始。

第二章

权利来源于造物主吗?

第一个被提出来的自然权利的外在来源是造物主。如果权利是由"上帝之手"写下,如果世上只有一个造物主,权利内容将保持一贯,不受时空更迭的影响。然而经验显示这绝非事实。某个时空的神圣权利在其他时空中往往被视为人类恶行。举例来说,蓄奴的权利——乃至于当奴隶的权利——据说来自造物主的圣经。然而经验证明,传闻中由造物主之手写下的权利,有可能出自魔鬼之手,甚至也有可能是保守派或自由派人士所捏造。英国法学家哈特曾说:"自然法就像娼妓一样,任由众人摆布。意识形态若不能诉诸自然法作为辩护,则无存在的可能。"[1]

哈特的说法也可用在神圣权利上:造物主含混不清的话语可以为任何意识形态所用。小布什总统希望他任命的司法人员执行的神授权利(例如胎儿有不遭堕下的权利、公立学校的儿童有在课堂上祈祷的权利,以及异性夫妻有不令神圣的婚姻制度与同性婚姻妥协的权利),完全不同于宗教自由派人士所乐见施行的神授权利(如女性有选择堕胎的权利、公立学校的儿童有免予宗教压迫的权利,以及同性恋者有结婚的权利)。* 源自天上的权利——不管是受到保守派还是自由派的支持——倾向于与那些握有上帝出版许可的地上政治观点一致。

以造物主之名发言的人,不管是有意还是无心,总会以自然权利来掩护党派、宗教与个人的议程。例如,1873年美国最高法院否认妇女有进入酒吧的权利,其根据是自然法的神圣概念:"上帝设计两性使之各自占据不同的行动领域",且"由男人适用与执行法律"。女人的神圣角色在于"家庭领域"。除了"神圣命令"与"上帝的律法"外,"事理之常"也指出女人必须待在家里。至于"事理"是什么,最高法院并没有解释。

造物主的律法成了将种族灭绝的圣战、宗教裁判所、奴隶制度、农奴制度、君主制、反犹太人主义、反天主教主义、对穆斯林的偏见、对美洲原住民进行的种族灭绝、恐同性恋、恐怖主义等其他许多恶行予以正当化的源头。造物主的律法也可用来反对这些罪恶。今日,造物主被同时用来支持恐怖主义以及正当化反恐战争。小布什总统告诉我们,上帝——小布什希望法官行使上帝的权利——希望他"当上总统",而在2001年9月11日之后,上帝也亲自跟他说话。小布什宣称:"上帝告诉我要打击基地组织。"为了避免有人怀疑伊拉克战争的神圣来源,小布什直言:"他〔上帝〕指示我〔小布什〕打击萨达姆,而我也照做了。"[2] 本·拉登认为他也是照着造物主(真主)的指示行事:

> 美国知道我十几年来不断在真主庇荫下对它发动攻击。
> 美国宣称我要对美军在索马里的伤亡负起全责。真主知我

---

* 马丁·路德·金坚信,他努力追求的自由权利是上帝所授予的。1963年,马丁·路德·金在一封写于伯明翰监狱的信中说:"我们(黑人)等待宪法与神授权利已超过340年。"他日后又写道:"一部正义的法律,是个能与道德律或上帝律法一致的人造法典。一部不正义的法律,无法与道德律相谐。"

们一直乐于杀害美国士兵。承蒙真主恩宠与索马里弟兄及其他阿拉伯圣战士的努力，我们终能得偿所愿……从那时起，美国就开始对我们加强经济封锁并且想逮捕我。这些行动终归失败。经济封锁的伤害有限。我们期待获得真主的奖赏……仇视美国是个宗教责任，我们希望以此获得真主的奖赏。[3]

在此之前，本·拉登曾发布一份伊斯兰法释令，他在当中宣布："我们——在真主的帮助下——恳求每个信奉真主的穆斯林，顺服真主的命令，无论何时何地，只要看到美国人就予以杀害并掠夺他们的财物，如此便可得到真主的奖赏。"[4]本·拉登也主张取得大规模毁灭性武器是"宗教义务"。这类有关造物主的谈话只会激起危害世界的神学战争，同时也威胁到我们的生存。[5]

当代为神法辩护的人认为，过去有些主张——尤其是他们不同意的主张——误解或误用了造物主真正的意志。然而，我们如何确定今日"正确"的理解不会在明日遭到更正？神法的历史是一段不断修正昨日致命误解与误用的历史。身为一个神法的拥护者，你必须不断为先人的错误道歉，而你的后继者不可避免地也必须为你现在误解造物主真实意图的错误道歉。2002年，天主教会终于判定，试图让犹太人改宗在神学上并不适切——"哎呀！真抱歉，过去那一切的宗教裁判所、十字军与异端审判实在太糟糕了。过去的教宗都错了——也许没有谬误，但的确都错了。"

纯粹实定法取向的当代拥护者，对于过去法律实证主义者（如纳粹）所下的错误也满怀歉意。（我将在适当时机讨论这个主题。）然而至少这些错误完全是人为的，犯错是人性，神绝对不会犯错——更毋须道歉。相信造物主下令使女性永远不平等、处死同性恋者、施行奴隶制度与动物献祭,以及相信圣经、古兰经与其他以造物主之名而写的书所记载的种种不道德的法律,等于是侮辱造物主。伪称造物主之名的人类才是这些不道德的始作俑者,人类才是这些神圣之书中所记载的数百条提升道德的法律的真正作者。只有人类才能持续改变法律与道德,使自己居于不可能超越自然法则的动物之上。

在这个许多人宣称自己了解造物主的意志,而人们既无法就造物主意志的内容也无法就辨识造物主意志的方法论取得共识的多样化世界里[6],造物主不应该被当成政治权利来源而被援引。在2000年美国总统大选中,参议员李柏曼(Joseph Lieberman)不断援引上帝作为美国的权利来源,他不仅引用美国《独立宣言》,还进一步主张道德"若无宗教则无法维持"——一个明显错误且可耻的说法。[7]在目前的同性婚姻论辩中,有位部长在美国国会大厦的阶梯上发表声明,说这是同性恋者与上帝的战争,而他代表上帝。美国参议员候选人凯斯(Alan Keyes)则宣称,他的胜利将会是"上帝……的胜利"。[8]

在宗教与哲学多元的民主社会中,神圣权利的传统论证很难行得通,因为自然权利外源的说法似乎与民主社会格格不入。无论如何,对于数百万善良而道德的人——他们或者不信上帝,或者不信上帝会介入人事,或者认为上帝不可知,或者相信政教应该分离——来说,法律与权利势必来自造物主以外的来源。可以提出权利理论的人,当然不仅限于那些相信造物主操控人类命运的人。许多率先阐述权利的人都不相信会有这么一位处处干预人事的造物主。[9]在我们的多元社会中,所有公民都有资格参与权利对话而无须接受宗教石蕊测试。权利太重要,不能只局限于神学论述。我将说明,即便没有造物主的介入,权利也必能得到承认。

第三章

权利来源于自然吗?

自然权利的第二个传统来源,是这些权利是以某种方式从物质宇宙的法则或人性中衍生而来。这个一般主题衍生出几种变奏。第一种变奏与上一章讨论的论点密切相关,即上帝是所有权利的来源。如果上帝创造了宇宙的法则或人性,依照逻辑推演,权利应该源自自然与"自然上帝"(nature's God)。蒲柏(Alexander Pope)在题为《人论:第一书》(An Essay on Man: Epistle I)的诗中描绘了这样的景象:

> 万物皆为庞然整体之一部,
> 其身躯为自然,而上帝为其灵魂……
> 所有自然皆为艺术,汝不知晓;
> 所有偶然与指引,汝视而不见;
> 所有杂然与和谐,汝未能理解;
> 所有一时之邪恶,普世之良善:
> 纵令狂傲自大,胸怀错误理性之怨恨,
> 真理洞然,凡存在必正当。

如果造物主是完美的（或正当的）且他创造了自然，理所当然"凡存在必正当"。如果"存在"看起来并不"正当"，那是因为我们"视而不见"或未能理解造物主的意思。对于那些相信自然是"上帝的形象"（例如帕斯卡〔Blaise Pascal〕）或"上帝的艺术"（例如但丁）的人来说[1]，"自然是善"这个结论不过是"上帝是善与万能"这个前提的神学恒真句。虽然如此，经验却使得这句恒真句难以为人所接受，因为无论在语言或逻辑上如何以曲解附会，许多"存在"都无法让人觉得"正当"。统治物质宇宙的规则在道德上是中立的——也就是说，这些规则并无"正当"或"不正当"可言；它们只是"存在"。这些法则与人性所产生的结果当然并不总是"正当"，这点任何人都看得出来。如果我们接受这些恐怖的结果——痛苦、死亡、奴役与种族灭绝——是"正当的"，则"正当"一词对人类来说将失去意义。有趣的是，宗教基要派人士总是将自然美丽而正面的结果归功于上帝，却很少将自然的丑恶与负面归咎于上帝。我们经常听到天灾的幸存者感谢上帝救了他们，却很少听到这些人责怪上帝杀害那些未能从"上帝的行为"中逃生的人。*

就算这些信仰者发现极为不幸或邪恶的结果有时出自造物主自然法则的杰作，他们也总是心存来世的慰藉："上帝是有计划的""最后一切都会好转"。就连那些无法肯定造物主是否将有奖赏的人，蒲柏的诗意说法依然可以抚慰他们："上帝的工作是神秘的"，是超乎人类理解的。对于这种过度化约的论点，我总是如此回应："很抱歉，不管用什么

---

* 1999年11月，一艘古巴难民船沉没，一位名叫冈萨雷斯的儿童获救并被带到美国，但他的母亲却在船难中死亡。在美国政府尚未就是否应将冈萨雷斯遣返做出最后决定之前，冈萨雷斯迈阿密亲戚的发言人说："冈萨雷斯家族并不感到挫败，他们仍然相信上帝会让最高法院接受上诉，就像上帝拯救冈萨雷斯免于溺死一样。"里面完全没有提到冈萨雷斯的母亲。人们常常思索上帝为什么让不幸降临到他们身上，却很少因此归咎上帝，但在遭逢好运时，却总是归功上帝。

方式来定义,我都能充分肯定犹太人大屠杀、奴隶制度与美洲原住民的种族灭绝绝对是项罪恶。"犹太人大屠杀期间所"发生的事"绝非"正当",再多的宗教诡辩也无法使它变得正当。此外,下"凡存在必正当"的结论,等于是将恶行的发生视为不可避免。人类应该尽力防止这些以及其他恶行再度发生,而防止它们再度发生的第一步,就是认定这些事件全都是恶行。之后我们才能采取措施来防止恶行再度发生。这些措施包括将这些权利制定为法规,法律阙漏只会助长恶行。如果"凡存在必正当",我们就不需要法律或权利来改善自然。毕竟,一切事物如果尽皆"正当",为什么还需要改变呢?

蒲柏要求大家两手一摊,听天由命,萧伯纳的回应是:"你看到已经存在的事物,而你说:'何以如此?'我却梦到从未有过的事物,而我问:'为何不可?'"

并非所有宗教观点都能接受自然完全正当的说法,即便造物主是自然的创造者。犹太教"修补世界"(Tikun Olam)的概念,似乎暗示了自然的不完美与人类改善自然世界的义务。根据某种圣经解释学,上帝需要人类来完成不断进展的创造过程——让自然更好。圣经对"你要追求至公至义"的命令,表示上帝自然的完美性需要永无止境的追求。

另一种自然法的变奏与造物主的关系相对间接,针对的主要是人类的天性(不管这种天性是否为造物主所赋予)。然而人类没有单一的天性,人性中除了最好的部分,还包括了最坏的部分。我们是充满偶然性的动物,没有预定的命运与目的。尝试从人性的描述中——即便精确——推演出规范权利,便是耽溺于"自然主义谬误"(naturalistic fallacy)之中。* 自然主义谬误描述并暴露出将**实然**与**应然**予以混淆的错误,因为"要从任何通常被称为描述性的陈述推演出任何通常被称为评价性的陈述,在逻辑上是不可能的"。[2] 虽然这种严谨的知识论说明,可能过度夸大了经验主义"实然"与道德"应然"间连结的缺乏,但在一个能不断改善与激发渴望的世界里,实然与应然并没有必然的关联性。

总有一些人认为我们不可能改善自然。自然本身即是善,这种关于自然具有正面的道德成分或是能指引正面的道德方向的观念,可以回溯到相当久远的过去。公元 1 世纪,诗人尤维纳尔坚信:"自然与智慧和谐一致。"三百年后,奥古斯丁说:"所有自然皆为善。"16 世纪,英格兰诗人弗罗里欧称自然为"正当的法则"。这句话摆在物理学上也许是如此,但放在道德上就不一定了。西塞罗相信:"无论降临到自然过程中的事物为何,都应视为善。"[3] 西塞罗这句话除非是毫无意义的恒真句,否则完全悖逆于人类经验。经验证明,许多"降临"到我们身上的事物都是坏事。当然,对于那些养尊处优含着金汤匙出生的人来说,"实然"成了他们生活上用来验证"应然"的辩词。

就这一点,我想到一段最不道德的宗教声明,出自大卫所作的圣经《诗篇》。在《诗篇》第三十七章中,大卫作出如下的观察:"我从前年幼,现在年老,却未见过义人被弃,也未见过他的后裔讨饭。"只有隔绝在华丽宫殿中的国王,才会看不到或体验不到义人被弃以及他们的后

---

* "自然主义谬误"指的是穆尔(G. E. Moore)讨论的分析瑕疵,这种瑕疵"**要不是**使人混淆了善与自然**或**形上性质,**就是**使人把善当成与自然或形上性质同一之物,或使人以这种混淆为**基础**而做出推论"(粗体字非原文所有)。Casmir Levy, "G. E. Moore on the Naturalistic Fallacy," in *G. E. Moore-Essays in Retrospect*, eds. Alice Ambrose and Morris Lazerowitz (London: Allen and Unwin, 1970)。休谟也在他的《人性论》第三卷第一部第一节中说明了自然主义谬误。休谟发现,许多作家在表达道德观点时,往往会以"应然"取代"实然"来铺陈他们的论点。

裔深受贫困之苦。哲学家布鲁克斯(Mel Brooks)在《世界史第一部分》(*The History of the World Part I*)中让自己扮演的国王角色说道:"当国王真好。"布鲁克斯扮演的另一个比较卑微的角色则是皇宫的夜壶清理人,可以想见,他对这个世界一定有相当不同的看法。[4]在这一点上,布鲁克斯比大卫更具洞察力。

在草拟美国《独立宣言》期间,许多科学家相信,"真理"的形体存在于某处,等待人们去发现——而一旦发现了,这些真理将如牛顿万有引力定律一样"自明"。这些超验而静态的形体,包括的不只是物理真理,还包括了道德真理,甚至及于法律真理。在这个概念下,科学与道德(不管是否以宗教为基础)几乎合二为一。

当时许多著名的法律学者——布莱克斯通在英格兰与殖民地均享有盛名——都相信法律是有待发现的真理。布莱克斯通认为:"世上存在着永恒不变的善恶法则,就连造物主自己的一切举措也得遵从;造物主让人类理性有能力发现这些法则,使之成为人类行动的必要指引。"然而始于霍姆斯、在20世纪中叶达到极盛的法律现实主义(legal realism)学派却翻转了这种想法,影响至今,当代几乎已无学者相信法律是天上的抽象物而非人类的创造品。霍姆斯正确地指出:"法律的生命并非逻辑,而是经验。"而经验带给真理的意义既非静态,亦非自明。经验、道德、合法性,乃至于真理,都是不断变迁,不断调适,并且持续和自然与养育互动。

今日的著名科学家大多不相信道德或法律真理能与物理或科学真理相提并论。词汇已经完全改变,我们发现物理学的"法则"与道德"法则",或由立法机关制定以规制我们行为的"法律",除了在**某些**语言中仍拥有相同的文字外,几乎已无任何关联性。现代大多数的思想家都接受斯宾诺莎的怀疑论观点:"自然并未存有目的,最终因只是人类的想象。"我已逝的朋友与同事古尔德(Stephen Jay Gould)也呼应这种观点。[5] 如英格索（Robert G. Ingersoll）在1881年所写的："我们必须牢记，在自然界无所谓奖赏或惩罚——只有结果。"[6] 自然的规则早在人类有意识之前就已存在，即便没有人类，自然规则照样能在世上运作。自然自行其是，与人类道德毫无关系。人们相信，"在宇宙中所看到的美、均衡、规律与秩序，正是盲眼而智慧的自然的外貌"[7]，然而，自然的奇观并不能证明什么道德内涵。如法朗士（Anatole France）所言："自然并无原则，她并未提供我们理性，让我们相信人类生命是值得尊敬的。自然对世事淡然处之，对善恶不加区别。"即便说出"上帝不掷骰子"这句名言的爱因斯坦，也不相信自然的不变法则可以直接转译为人类道德的永恒法则。

任何人只要以客观的眼光注视自然，便会发现自然是道德中立的。自然充满了美与奇景，但也在暴力与掠食中繁盛。自然是头喂养无助幼兽的母兽，为了生存而杀死其他无助的动物。自然是带来生命的阳光，但尾随其后的却是死亡的洪水。人性是史怀哲（Albert Schweitzer）与希特勒；耶稣与托尔克马达（Tomas de Torquemada）；康德与尼采；孔子与波尔布特（Pol Pot）；曼德拉与本·拉登；对遭轻蔑者伸出援手的马丁·路德，与支持围捕犹太人并使之沦为强制劳动营中的"可悲俘囚"的马丁·路德。人性是激进的穆斯林看到美国人从纽约世贸大楼跳下丧命而高兴地跑到街上跳舞，人性也是其他穆斯林进入清真寺祈祷恐怖主义的受害者能够幸免于难。人性是哈马斯（Hamas）建立学校与医疗中心给伊斯兰儿童，人性也是哈马斯炸死正要上学的犹太儿童。

这并非否认自然与道德之间的关系。若完全忽视自然，建立道德体系的尝试势必失败。对于道德问题，自然拥有投票权而非否决权。与自然主义谬误相对应的另一种谬误，就是道德命令可以完全忽视天性。我们可以称之为教化主义谬误。光是教化无法决定道德或权利的内容,必须将天性纳入考虑才行。要决定某种性道德是否适合于某个既定社会,关键是要了解性驱动力的本质。例如,认为青少年自慰是"不自然"且"错误"的,因此予以阻止,这么做注定会失败,因为青少年性欲的本质要比惩罚的威胁更有力量,而且它是种完全无害的——且"自然"的——发泄。许多天主教徒现在也开始质疑,神职人员独身的规定是否违背了自然的性驱动力。

道德不能也不应直接衍生于天性。即便社会生物学家证明男人天性倾向于在性上面迫使女人屈服,我们也不能因此创设出"强奸"的权利。对社会来说,如果没有尽到合理努力遏止这种"自然冲动",便是在道德上犯了错误,因为我们从经验中得知,就算它在经验上是天性的,但它在道德上却是错误的。"听任自然"也许是首不错的曲名,但却是条可怕的道德规则。就算写下圣经的人并不认为强奸严重到足以纳入十诫之中,它也依然是可怕的恶行。十诫中虽然包括奸淫,但对象只限于已婚**妇女**!我们可以改进十诫,因为我们拥有比书写圣经的人更多的经验来修订法规,如同十诫的作者改进《汉谟拉比法典》与更早之前的法律一样。

要建构道德规章或权利体系,不可忽视人性的多样性或人性拥有的共通性。但自然的各项要素仍不可直接转译成道德、合法性或权利。天性"实然"与道德"应然"之间的复杂关系,必须通过人类经验加以调和。权利的历史说明了这种复杂的关系。以权利为基础的体系当然不是自然的人类状态。如果要说有哪种体系属于自然状态,也许专制统治更接近一些。通观人类历史,大部分时间所通行的规范一直是威权主义、精英主义、审查制度、独断性以及对我们今日所谓的正当法律程序的否认。[8]陀思妥耶夫斯基笔下的大审判官认为,人类必须接受专制统治,才能从"当前可怕的个人与自由决定的折磨"中解放。他预言人类将逐渐理解"自己永远不可能自由,因为他们弱小、邪恶、卑鄙而桀骜不驯",而到最后,再怎么桀骜不驯也会"变得服服帖帖"。

对于那些如卢梭般相信"人生来自由"的人来说,心里不由得会产生这样的疑问,人为什么无往不在"枷锁之中"?如霍布斯的观察,为什么"人类的生命……孤独、穷困、污秽、野蛮而短暂"?答案是因为至少从描述来看,人类的实际生活相比权利构建的体系更接近自然状态。权利的功能——事实上是法律与道德的功能——在于改善自然状态:改良自然,驯养野兽,将我们从恐怖的自然状态提升到文明状态。这是场永无止境的挑战。哪怕权利的拥护者只是在历史的某个短暂时刻中在掌舵时打盹,人类的自然状态也会趁机抬起丑恶的脸孔,数千年来,这样的危机不知发生了多少次。

自有历史记录以来,世上就存在着少数爱好自由的个人,他们不断对抗人类对权威、控制、支配、父权与专制统治的根深蒂固的需求。他们为权利而生,也为权利而死。要断言威权主义的稳固力量是否将会再次胜过一再出现但却短暂的自由需求,此刻似乎仍为时尚早。但可以确定的是,争取自由与权利的斗争并不总能长保胜利。以德国为例,德国有着一贯的自由传统,至少在知识分子阶层如此,但它却很快屈服于纳粹之下。纳粹最具影响力的支持者全都是著名的知识分子、艺术家、律师、商人、教会领袖与医生。

正因为权利不是自然的——人不会认为别人的权利比自己的直接利益来得重要,这是天性——我们才需要固守某些基本的权利,不断地支持它们,并且绝不因此而志得意满。如果权利真如一些主张所说是自然的,照理权利应该能在一般大众之间获得更多支持才对,然而事实并非如此。或许,某些社会成员会更"自然而然"地比其他成员重视权利,那么,前者就该负起责任,向后者说明权利的重要性。

我们需要以权利来抵消大多数人不顾他人——尤其是陌生人——

利益而只顾自己的自然本能。我们也毋须惊异于宗教、礼仪与共同体中最早出现的规则会是"**爱人如己**"与"**己所不欲勿施于人**"。被控参与"波士顿大屠杀"的英军士兵主张他们是为了抵抗丢掷石块的挑衅者而行使自卫权，亚当斯在为这些英军辩护时曾提出这样的论点：

> （人类职责的）第一根枝干就是爱自己。（上帝）将它栽种在那里……布莱克斯通称它为自然法的"首要准则"。我们的神圣宗教的箴言，命令我们要爱人如己……嘱咐我们要善待同胞，我们的情感要如同对待自己一样真挚而恳切，不应因亲疏不同而有所差别。[9]

世俗的霍姆斯呼应亚当斯以宗教为基础的观点，他宣称"人只有到了无计可施的时候，才有权利将自身利益置于邻人利益之上"。[10] 承认大多数人的天性自私，是诸多宗教、经济、政治与哲学学说的基础。约翰·罗尔斯所提出的"原初境况"（original position），便是一种对人性自私的承认。罗尔斯设计出"无知之幕"（veil of ignorance）以防止处于原初境况下的人类依据自私而行动，它使得这些人无法获得必要知识来作出自利的决定。[11] 康德认为，人类的第一个政治责任就是离开自然状态——在自然状态下，自私为第一生存法则——并让自己与他人顺从于合理而公正的法律规则。[12]

这些宗教与哲学取向乃是人类承认自私这个自然"实然"并渴望利他主义这个较不自然的"应然"的显著例证。我将证明，这种利他主义的渴望，来自于人类经验中完全不约束自私所产生的恶行。承认自私，乃是建立个人权利体系的重要基石。

第四章

权利还有其他"外在"来源吗？

如果权利不来自造物主也不来自自然,它究竟来自何处？对传统法律实证主义者来说,答案很简单:权利来自写下法律的人。然而要是这些人决定不需要权利呢？或者要是他们拒绝制定许多人认为属于基本权的特定权利,如言论自由、法律平等或正当法律程序？这些权利会就此消失吗？抑或人们仍会主张这些权利是以既有实定法以外的权威为基础？如果权利是自然而普世的——如同物理定律——适用范围有限的实定法就无法限制权利。法国国会无法修正牛顿定律或将圆周率从3.14改成4。

就某个层面来看,权利本身受到法治规范而非任人摆布,便是权利体系的重要基石。而就这一点来说,实定法的确授予了重要权利,至于内容则暂且不论。不过受到法治规范的权利有可能是空的——或者更糟——如用来统治美国南方奴隶、纳粹德国犹太人或苏联异议分子的实定法,便是个例证。* 如美国联邦最高法院大法官杰克逊所言:"所有

---

* 即便在斯大林时期,苏联也仍拥有一部良好宪法,并且适用于由国家安全委员会(KGB)支配的法院。

压迫中最丑恶的,就是那些戴着正义面具而行罪恶之事者。"[1]虽然适用于所有人的实定法若付之阙如,基本权利可能会遭到否认,但光靠实定法的制定——法治的建立——就算真能确保某些人的权利,却不表示所有人的权利都能因此得到保障。如果特定的法治否认少数族群有基本权,例如奴隶法与《纽伦堡种族法》,我们是否能以此论断少数族群的"权利"已被实定法所尽数去除?

这类问题让数个世代的法哲学家望而生畏。最近,新类型的思想家企图在传统自然法形而上学与传统法律实证主义化约论之间划出一块中间地带。当中最具影响力的应该首推德沃金。德沃金反对化约的法律实证主义,主张:"坦白说,任何以权利为基础的理论都必须假定权利并非只是审慎立法或外在社会习惯的产物,而是用来判断立法与习惯的独立地带。"对德沃金来说,权利是"个人所持有的政治王牌",这张王牌必定存在于实定法之外,因为民众拥有"对抗政府的道德权利"。[2]与其说德沃金的看法界定了**权利**,不如说它表述了权利的地位。德沃金也未提及权利来自何处,这个重要问题是他论点中最薄弱的地方。

德沃金对于权利来自造物主的主张深感怀疑:"用来对抗政府的权利制度,并非上帝的恩赐,也非古代仪式,更非民族运动。"[3]权利也不是"在自然法中发现的,或是被深锁在超验的保险柜中"。德沃金明显是以保险柜一词来代表一些固定不变的有形容器,例如死海古卷(Dead Sea scrolls),或一些形而上学的储藏库,例如"隐蔽于云雾之中的上帝"。德沃金将"保险柜理论"(strongbox theory)斥为"无稽之谈"。事实上,德沃金坚决避免使用"自然法"一词,因为"这个词会让许多人产生不恰当的形而上学的联想。他们认为自然权利是原始人才会佩戴的鬼神象征,如同护身符一般,而这些人在进入文明时代之后,依然佩戴着自然权利,好让专制统治不敢近身。"[4]

德沃金似乎也对"集体意志或民族精神这类的精神实体"抱持怀疑态度。他的"个人权利观念……并不以任何精神形式为前提"。[5]他也不接受罗尔斯的"直觉主义"假定:"每个人都具备固有的道德范畴,这些范畴铭记在每个人的神经结构之中。"(有个同事以孩子总在父母面前主张"权利"为例,支持权利直觉的说法。这种例子放在今日美国当然正确无误,但放在过去或美国以外的地方则不尽如此。事实上,这位同事的观察反而说明世上并没有内在固有的权利直觉,直觉与其说是自然的,不如说是通过培养产生的。我们今日生活在权利的文化中,孩子从小就耳濡目染。这点我很清楚,因为我自己就有一个正值少年的孩子![6])

德沃金发现即便是在英美,绝大多数的公民"并不行使他们所拥有的政治自由权,也不认为这些自由权的丧失令人特别难受"。他引用心理学家莱恩来支持陀思妥耶夫斯基的大审判官说法,亦即,"现代社会中许多精神上的不稳定,肇因于要求的自由太多而非太少"[7]。德沃金预言,美国人会愿意接受某些被我们视为理所当然的权利的丧失,例如不受政府检查的权利或无搜查证不许搜查住宅的权利。我一方面对德沃金的预言持保留态度,另一方面却也认为他对英美公民并不积极行使权利的说法多少属实。此外,历史也证明,世上大多数人似乎并不具有罗尔斯所称的权利直觉(虽然人们可能具有某种基本的公平直觉,特别是那些觉得自己因不公平而受害的人)。[8]

不光只有罗尔斯把人类直觉视为权利来源。杰斐逊便认为,美洲殖民地"在还没想出如何解释权利之前,就已经感受到权利的存在"。杰斐逊曾说过一句名言:如果你"向农夫与教授陈述一个道德案件",农夫"将作出正确乃至于更好的判决……因为他未受到人为法则的迷惑"。基于自己的经验,我反对这种说法(不过我必须坦承,我这辈子遇到的农夫屈指可数)。人们也许可以凭借直觉感受到**自己的**权利,但对**他人的**权利则无法如此,特别是当他人的权利与自己的偏好冲突时。[9] 此外,即使真有权利直觉,权利内容仍会依时间、地点与经验而变。

虽然德沃金在这一点上与我的立场相同,并且也反对杰斐逊与罗尔斯的说法,但跟自然法的传统支持者一样,他仍坚持权利一定是"被发现的",而非被发明或被创造的。"即便是疑难案件,法官的职责仍在于发现双方当事人的权利,而非溯及既往地创设新权利。"[10]

发现与发明有何不同?发现是不可避免的。人类势必会发现或偶遇某个地方、某种现象与某条自然界的物理定律,只是时间早晚而已。《宋飞正传》(*Seinfeld*)里的角色宋飞与乔治的讨论正如可以说明这一点:

> 乔治:麦哲伦?你喜欢麦哲伦?
> 宋飞:是啊,他是我最喜爱的探险家,他曾经环航世界一周。你呢?你喜欢谁?
> 乔治:我喜欢德索托。
> 宋飞:德索托?他干了什么事?
> 乔治:他发现了密西西比河。
> 宋飞:哦!听你这样说,好像没有他密西西比河就没人找得到似的!

发现意味着有一个等待我们去发现的实体存在,但前提是我们要找对地方。如果我们想发现权利来源,该到哪里去找?德沃金如此建议:"借由找出能证成(某些)权利主张的论证,便能发现人们实际上拥有什么权利。"德沃金将这类非实定法权利安放在"建构模式"之中——

人类建立"建构模式"的方式,"仿佛是把自己当成雕刻家,以最能符合他在偶然间发现并组合起来的动物骸骨的方式雕刻出动物"。这种人造的建构模式与源自"客观道德实在"的自然模式形成对比,后者并非由人或社会所创造,而是由"人或社会所发现,如同发现物理定律一般"。[11] 德沃金建构其权利模式所需的"骸骨",在于与人类平等相关的诸原则。[12]

德沃金的核心原则在于政府必须以同等的关注与尊重对待所有的公民。这项原则是基本的"政治道德假定",凡是有理性的人都必须遵守。这是德沃金的发现,但他并没有告诉我们他是在**哪里**发现这项原则的。我想当然不会是从人类历史中发现的,因为尚无客观的历史评判显示有一超越时空的普世平等假定存在。事实上,人类总是不断在建构不平等的等级制度。

德沃金宣称他发现了人类平等的假定,然而,就算我们朝着正确的方向望去,也不一定能发现这种假定。从历史记叙看来,这种假定并非永恒不变的真理,事实上,精英主义、等级制度与不平等乃是绝大多数人类的典型经验。我认为,德沃金对政治自由的正确观察——大多数人怠于行使权利,也对权利漠不关心——至少还可以再适用在平等上:只要自己出身于社会顶端或接近社会顶端,人们多半很少关心**其他**人或其他团体是否受到平等对待。平等对待的理论论证,其实是最近才出现的,而且,一旦提到要付诸实行,伪善的面孔马上就会暴露出来。反平等的论证——当然反对的是某些平等形式——从人类有历史以来就出现了,我将很快说明这一点。这些论证通常以造物主与自然为基础,长久以来一直居于主流地位,直到最近才屈于下风。因此,权利来源不可能在德沃金引用的"论证"中被发现。

我同意人类平等是所有权利理论的基石,但我认为这是发明而非发现。

对平等对待的权利比较有说服力的论证,建立在我们对不平等对待之恶行的集体负面经验上,例如奴隶制度、对犹太人的大屠杀、宗教裁判所与其他灾难性的人类时期。经验显示,不平等对待的社会——不让人们拥有丝毫的机会平等——最后必将引起不满、混乱与暴动。有天分的个人具有为社会增添价值的潜力,却被剥夺了贡献的机会,这种人将因此感到自己与社会并不休戚与共。现在已经有越来越多的人相信,一定程度的机会平等可以避免恶劣或不公社会的出现。但对于已经趋于完美或良善的社会,更需要的是**结果**平等,而非**机会**平等,人们对此并无共识。[13]高尚的人类发明了悖反直觉的平等对待的权利,借以作为避免机会不平等的恶行——我们现在承认这些恶行是不道德的——再度发生的机制。

不管平等对待的权利是否如德沃金所坚持的是一种发现,还是如我所相信的是一种发明,一些其他的基本权利都可以从这种平等主义假定——要求平等对待的权利——通过逻辑推导出来。这些推导出来的权利内容为何,取决于基本平等权范围的大小,也可能会取决于平等权的来源。德沃金相信,从平等承诺中建构起来的权利体系允诺了"最好的政治纲领",因此他承认自己的取向与"各种广受支持的功利主义理论的基本目标"是相容的。[14]虽然如此,德沃金却反对古典功利主义的一项重要判准:

> 我们不能说如果个人拥有这些权利(关于言论、宗教、政治活动的权利),作为整体的社群长期而言会过得更好。这个观念——即个人权利能导致全体功利——可能为真,也可能为假,无论如何,这个观念与保卫权利无关,因为就政治意义

而言,当我们说某人拥有自由表达意见的权利时,我们指的是即使他这么做并不符合一般大众的利益,他仍有权如此。如果我们想保卫我们主张的这类意义下的个人权利,我们必须试着发现某种超越功利的东西来为这些权利辩护。[15]

然而在无法依靠造物主、自然或实定法的情况下,还有什么"超越功利"的东西仍存于某处有待发现,可以证成少数人的权利胜过多数人的意志?虽然德沃金认为以权利为基础的取向是"最好的",但即便它变成"最坏的",相信德沃金仍会继续坚持他的主张。若不如此,德沃金的道德结论将屈从于他努力想避免的结果论测试。或许德沃金的意思是虽然**特定**的权利绝不能从属于结果论测试,但以权利为基础的体系的广泛概念却必须以结果论测试来加以证成,以证明它是"最好的政治纲领"。但在缺乏上帝声音或自然命令的情况下,我们如何能够不以某种功利主义式的目的为基础来衡量一般或特定的权利主张——也就是说,我们如何能够不主张某种何谓"善"(或"非恶")的经验性评估,作为众所同意的判准?某些自然权利支持者的主张甚至立基于——至少某种程度上——潜在的结果论假定,认为世界在永恒的自然权利下会比可修正的实定法权利更好。除非承认特定权利就长期而言可以让人过得更好[16]——或反之,不承认特定权利会让人过得更差(这是我对边沁假定的"最多数人的最大幸福"所作的消极性陈述)——否则无法证成特定权利胜过多数偏好。

如果某个特定权利是整个权利包裹(如《人权法案》)的一部分,虽然特定权利(如携带武器的权利)不能让人过得更好,但若丧失了整个权利包裹却会让人过得更差,因此,更动当中的任何一项权利,都有可能危害到整个权利包裹,让人过得更差。(举例来说,我之所以反对去除宪法上的携带武器权利,是因为我担心这种修正会在实务上刺激其他人去"改善"美国宪法第一修正案。)不过这种想法只是规则功利主义(rule utilitarianism)——相对于行为功利主义(act utilitarianism)*——的衍生,而这种想法在进行道德判断时仍然以对人的影响为依据——若用我的话来说,就是以它能否对防止恶行重演一事造成影响为依据。

即使德沃金的逻辑无懈可击,我对于超越时空的权利来源以及用来评价权利的治理贡献的判准仍无法苟同。我跟随德沃金的思考逻辑,发现自己可以接受他的平等主义假定(尽管我认为这是人类为了防范源自过去不平等的恶行而做的"发明"),但我无法同意——或说是我认为其他人有理由不同意——他的某些结论。此外,我也怀疑他的假定过于模棱两可,逻辑向度过于单一,而结论也是一开始就预先决定了。跟其他卓越的法哲学家一样,德沃金在批判其他权利来源时表现较为杰出,却未能提出令人信服的独创理论。

最后,德沃金似乎拥抱了自然法的衍生说法,然而这个拥抱却有点拘谨而不安。他接受权利必须"被发现"的观念,反对以"功利"作为判断权利的判准,并以此建构出一个以可发现的"能证成(某些)权利主张的论证"为基础的权利模式。这种说法听起来就像是自然法,尽管德沃金自己拒绝使用这个掺杂各种意义的词汇。[17]

到最后,甚至连德沃金也双手一摊说道,如果你找不到我们权利的特定来源,不用担心:我们美国人并不需要这样的来源,因为我们的宪法就是个充分的来源。如我将证明的,这种向实定法的轻微靠拢并不能打破德沃金理论的局限。

---

* 参见第十章注[3]对这两个词的定义。

第五章

立宪民主
真的需要权利外源理论吗?

德沃金暗示道,对于一个研究美国宪政制度的法哲学家来说,要为他那种衍生于自然法的学说找出一个完全令人满意的权利来源并无必要,因为美国人的"某些道德权利早已成为宪法的法定权利"。[1]美国《独立宣言》中的"自然权利",许多已经规定在美国宪法的实定法中,因此实际上已无必要解构权利与苦思权利来源。这种取向的精神与《独立宣言》的说法不谋而合:《独立宣言》在提出"不可剥夺的权利"之后,随即补上一句"为了保障这些权利",我们成立政府并制定法律。更重要的是,美国拥有的是一部存续超过两个世纪——中间经过一些重要修正——的成文宪法,并且广受尊崇为人类史上最成功的实定法典范。然而,如果美国宪法必须修正——或法院想借由释宪来废弃这些"自然"或德沃金式权利——我们还是得面对权利来源与权利"不可剥夺性"的难题。此时,德沃金便身负重任,他必须说明为什么人类建构的权利——并非来自上帝、直觉或其他"精神实体"——不能被原先建构(或发现)它们的人废除。

当然,并非所有我们主张的道德权利都能成为法定权利。此外,我们还必须考虑那些既未能成为道德权利,也未能成为实定法权利的权利的来源。就算是最支持自然权利的人也不得不承认,任何社会(包括美国)所主张的"权利",其中绝大多数别无实定法之外的基础。并没有什么理性论证,可以支持在承平时期拒绝军队驻扎民宅的自然权利。如果政府为了准备开战,要求每户人家提供额外的卧室给一名士兵居住,为期达数个月,这个做法也并未侵害任何人的自然权利。但只要美国宪法第三修正案未被废除,这种强制驻军的措施便违反了屋主(或房东)的实定法宪法权利。

美国宪法第五修正案规定,除非根据大陪审团的报告或起诉书,人民不受死罪或其他重罪的联邦审判,然而如果废除这项规定,转以法官预审作为联邦审判的先决条件,民众的自然权利也不会因此而受到侵害(事实上,后者反而更能保护绝大多数被告的权利)。不过只要第五修正案仍存在,每个联邦被告就有寻求大陪审团参与审判的实定法宪法权利。即便如此,联邦最高法院似乎认为,寻求大陪审团参与审判的权利地位低于获得律师辩护的权利或不自证己罪的权利。联邦最高法院将后两种权利"并入"第十四修正案的正当法律程序之中,并认为这些权利不仅适用于联邦政府,也适用于州政府;另一方面,联邦最高法院却不愿将大陪审团权利并入正当法律程序之中,因此州政府可以自由裁量是否适用大陪审团的起诉程序。

第四修正案的令状要件也非自然权利。也许一般的隐私权,或甚至较为特定的免予受到不合理搜索的权利,可以算是基本的甚至自然的权利。但令状要件主要源自美国独特的殖民地经验,而不仅仅是为了提供合理搜索与隐私护符。随着当初树立令状要件的历史经验逐渐远去时，我们对于法院大量淡化令状要件的做法并不感到意外。或许有人认为，令状要件代表一种广泛的权利程序，可以提升政府义务与能见度以避免侵害隐私，然而这类权利的细部规定——如第四修正案所列举的——却是完全以实定法为基础。

经验——而非抽象道德或实定法——如何决定权利内容的有趣案例，来自联邦最高法院2004年6月21日的判决。该案的被告是个特立独行的农夫，他拒绝向调查家暴案件的警员提供他的姓名。内华达州法律授予警员在"合理怀疑"（毋需"相当理由"）下取得当事人身份证明文件的权力。被告主张宪法第四修正案的隐私权。这条修正案是以一般性的词语写成，因此在解释上相当分歧。第四修正案规定："人民有保障人身……不受无理搜索与拘捕的权利……"，什么样的做法才构成"保障"与"无理"，这完全是程度衡量的问题，取决于眼前的威胁、过去的恶行与其他经验要素。这些开放性的词语，使当代法院能在具正当性的个人隐私权主张与具正当性的政府有效执法主张之间找到适当的平衡点。

假如这件案子是在2001年9月11日以前送到高等法院，结果可能大不相同，特别是之前的判决倾向于支持在无相当理由时人民有匿名的权利。[2]但在"9·11"恐怖攻击之后，法官眼中的适当平衡可能已是另外一番光景，特别是当人们想到如果能采行适当的身份证明系统，或许就能防止这样的恶行发生。于是，法院以五比四的判决，认为取得可疑人物姓名的"重要政府利益"胜过不说明自身身份的个人利益。法院拒绝承认第四修正案的规定：当警员合理怀疑民众可能涉嫌刑事犯罪时，民众有拒绝透露自己姓名的权利。[3]

在自然法原则下，不管这个案例的判决支持哪一方，结果都是合理的，因为我们原本就很难在自然权利中找出明确的匿名权利。在实定法的诠释原则下也是如此,因为宪法的操作性文字允许多元的诠释方式。真正让法院判决支持政府的决定性因素,可能来自我们对恐怖主义以及身份证明系统未能有效运作的经验。

有些人根据美国宪法中其他的实定法条文,认为在重大刑事案件中要求陪审团参与审判乃是美国人的基本权,然而这项权利并非自然权利,因为采纳这项制度的国家为数甚少。事实上,刑事被告所享有的各项权利很难被论证为自然权利。最常主张的一种说法是基本公平——不管它是用什么方式来达成——乃属基本权的一环,因此理当列入自然权利。基本公平包括独立的裁判者(法官、陪审团或两者兼有)、获得律师辩护的权利、原告须负举证责任、上诉管道,以及免予酷刑(其定义随时间与环境而变动)。这些议题在今日显得格外重要,因为在恐怖主义环伺下,人们已开始大力缩减这些权利。"9·11"事件后被拘留的人士已不再享有基本公平这类的基本权,而这种权利原本是用来限制行政单位的独断权力的。[4]

在美国宪法制定者眼中,私有财产权当然是基本权,甚至也应该是自然权利。他们将私有财产权的规定写入《人权法案》之中,防止政府在未做公平补偿下取得人民财产。之所以如此规定,原因在于当时即便是良好而端正的国家——连同一些恶劣而不端正的国家——在没收私有财产移作公共用途时,都未能做到公平补偿。即便在美国,市政府与州政府也施行限制性的分区法来减损私有财产的价值,以规避支付补偿金。在马萨诸塞州,民众得拥有自己的海滩。许多民众因无法进入他们认为应属公有的海滩地而感到愤怒。马萨诸塞州的滨海地区有限,造成这些海滩的价格高得吓人,州政府根本无力以市价买下这些土地作公共之用。如果立法机关打算制定法律逐步废除海滩私有制——以 20 年或以土地所有人生命存续期间为征收期限——必然要面临宪法第五修正案"征收"条款的挑战。不过,无论是海滩私有制,还是海滩地须以市价征收,想要论证它们属于自然权利绝非易事。

即便是上一代将财产移转给下一代的权利——我已逝的好友与同事诺齐克(Robert Nozick)曾认为这是一种基本权——也很难说是自然或不可剥夺的权利。依我的观点,一个端正的社会若想以最公平的方式处理财富问题,应该要求每个世代从头开始(或至少不能完全仰赖上一代的财产),并允许人们在世时自由累积财富,但死后则必须缴交所有(或者是一些或大部分)财产给国库。这种想法或许愚蠢且不可行,甚至可以说是一种错误的取向,然而如果它在经过时间的考验后,证明这确实优于——依照公认的判准——我们目前的做法,我们就很难说这种取向违反了自然法,即便法院认定它违宪。* 或者从比较消极的角度来看,如果对世代间的财产移转加以限制(例如课以遗产税)能有助于缓和重大恶行——例如世袭贵族的永久存在终将会对民主造成的伤害——一度被视为基本权的财产移转权利便将面临强大反对论据的冲击。

第二修正案规定"纪律严明的民团,乃自由州安全所必需,人民持有与携带武器的权利不得侵犯"。全国步枪协会(National Rifle Association)认为这段文字建立了一种具有广泛基础的自然权利,即人民可以武装自己,以"推翻"专制政权为手段来抵抗政府暴政。支持管制枪械的人士则认为修正案前段文字——尤其是提及"纪律严明的民团"的部分——指的是由民选政府限制枪械只能用于军事用途。[5] 他们还认为,"纪律严明"指的是合理管制枪械,例如发给执照、等待期间与强制枪械

---

* 诺齐克修改了他原先在《无政府、国家与乌托邦》(Anarchy, State, and Utopia, Oxford: Clarendon, 1981)所表达的财产观点。诺齐克是直觉主义哲学家的杰出典范,他结合了先验洞察与经验及历史,并且根据不断变迁的经验来修正自身的观点。

关上保险。依据这种论证,如果民团必须严守纪律,民团中所有的私有枪械也必须受到严格的管控。宪法争议——两百多年前的立法者似乎"有意"以模棱两可的语言造成这种现象——不管怎么解决绝对无法让各方都满意。无论如何,我们终究难以主张不加管制的枪械私有权是自然权利,因为这种权利完全是美式的权利,它源于美国的殖民地经验。携带武器的权利是以推翻民选领导人的反抗权为前提,从这个角度来看,这种权利似乎与法治有所冲突,而后者同样有人主张乃属自然权利。

布莱克斯通将携带武器的权利列为基本权之一,但许多前英属殖民地则贬低这项"权利",因为它们的经验与北美殖民地大不相同。绝大多数国家的成文(与不成文)宪法都未将枪械私有权列为公民基本权,这一点并不令人意外。在墨西哥与瑞士,人民都有"携带武器的权利",但它们同时也对这项权利作了相当广泛的限制。根据日本法律,"人民不许拥有枪炮弹药或刀械"。绝大多数国家都严格限制枪械所有权,民众几乎无法拥有枪械,也不认为自己有权利拥有枪械。这样的事实未必否定了某种既定的权利(在此例是携带武器的权利)乃属基本权或甚至自然权利,但它确实支持了如下的观点,即许多权利的产生源自特定国家的独特经验,无法被视为普世权利。

如果将携带武器的权利限缩为防卫自己与家庭的权利——排除掉反抗政府、打猎、搜集枪械与为防卫以外目的而拥有枪械的权利——我们就有充分的理由视其为近似普世的权利,尽管仍有一些贵格会教徒会提出反对。不过自卫的权利一般只能在面临特定的威胁下主张,并且必须在没有其他合理选择时才能行使。自卫权无法扩大解释为民众有权拥有私人枪械以面对假设性的致命威胁事件,也不可能扩大到全国步枪协会所主张的反抗权的地步。

对于一些狂热的枪械爱好者来说，人民甚至应该有权拒绝政府了解他们的枪械拥有的状况，因为专制政府可以利用这项资讯来镇压革命。2001年9月11日之后，美国政府拘禁了约一千名阿拉伯人与穆斯林，联邦调查局并且要求司法部交出这些被拘禁者的枪械购买记录。司法部长阿什克罗夫特根据他对《布莱迪枪械管制法》的诠释拒绝联邦调查局的要求。一位司法部官员对此决定作了书面解释："如同其他接受调查的非恐怖主义重罪犯，恐怖组织的嫌疑犯也不该被剥夺拥有枪械的权利。"[6]对于鼎力支持全国步枪协会的司法部长来说，个人枪械购买纪录的隐私权，似乎要比个人免予被拘禁或在法院上为自己辩护以免遭受拘禁的权利更为重要。如参议员劳腾伯格所言："这项政策实在太令人吃惊了。我们可以在美国境内全面监视已知的恐怖分子，然而一旦他拥有武器，司法部的政策竟拒绝透露恐怖分子的所在地给执法官员。"

因此，很清楚，美国宪法中有许多权利完全是源自本土的实定法权利，这些权利植根于美国的独特经验中，并不属于自然权利，也非超越实定法的正当性主张。* 反之亦然。尽管许多人认为胎儿的生命"权"是自然权利也是普世权利，但它并未为美国宪法所承认。不仅如此，以解释宪法自任的联邦最高法院还给予怀孕妇女堕胎的"权利"——亦即终止胎儿生命的权利——至少是在某个怀孕阶段之前。对某些自然法支持者来说，这类判例（"罗伊诉韦德"〔Roe v. Wade〕及其后的案件）不是也不能是法律，因为胎儿的自然权利超越任何实定法的规定。根据他们的观点，就算宪法修正案明文规定怀孕妇女有堕胎权，该修正案——虽然通过妥当的立法程序——也不是法律。美国国内甚至还出现了自称自然

---

* 我将在第二部讨论其他几种权利。

法党的偏激党派,他们企图修正宪法或废止现行的宪法解释,以使宪法合于他们的自然法观点。有些极端主义者甚至公开违反法律,攻击那些行使宪法实定法权利的人。

政治光谱另一端的人也有类似的看法,他们认为怀孕妇女有生殖的自由权利,包括选择堕掉"自己的"胎儿的权利。他们认为就算想修正宪法来保障每个胎儿(或甚至只是后期胎儿)的生命权,这样的修正案也将违反妇女控制自己身体的自然权利。一项关于堕胎的经典研究认为,妇女对"生命权"与"选择权"的态度,泰半取决于她们的社会经济地位与生命经验,而非对特定权利理论的抽象信仰。[7]该项研究"证明此争端之所以如此剧烈,并非因为争端者在意识形态或宗教上的差异,而是因为他们所身处之社会环境的截然对立"。[8]

类似的论证也出现在同性恋者与他人合意进行性行为的权利上。在某些国家,同性恋者进行性行为是一种犯罪行为,而美国也有几个州认定同性恋者的性行为属于犯罪行为,直到联邦最高法院于2003年认定这些法律违反了性自主权与性隐私权为止。[9]路易斯安那州最高法院直到2000年仍支持该州惩罚鸡奸行为的法律。许多主张性隐私与性自主是基本权的同性恋者认为——早在联邦最高法院作出判决之前——这些过时的成文法并不是法律,并运用自己的良知来违反它们。(一般而言,同性恋者并不会援引"自然法",因为"自然法"这个词汇往往被用来反对同性恋者权利,尤其是宗教团体;事实上,鸡奸即被认定是一种"违反自然"的罪行。)

因此,尽管德沃金已正确观察到美国的"某些道德权利早已成为宪法的法定权利",但仍有许多道德权利未能成功删除过时的实定法,也未能被列入宪法当中,而对于这些道德权利,我们确实可以公允地主张它们源自美国人的独特经验,而非超越实定法的普世或自然权利。因此,法哲学家如果想替美国人主张某种未规定于宪法的权利时,必须担负起指明这些权利来源的重任。我认为,没有人能令人信服地为自己的自然权利理论找出、辨识、建构或阐释世俗来源。即便德沃金提出的论证令人激赏,他仍无法精确指出平等假定的根源何在。光凭论证并不足以成为令人信服的权利来源,特别是当反方也提出同样精彩的论证时。

今日,对令人信服的权利来源理论的探求尤其迫切,因为某些大势在握的团体以反恐(及上帝)为名大肆主张剥夺人民权利。有些人主张某些权利应从属于国家安全需要之下,这样的想法有其论据,不可轻忽。但要回应这些论点,不可只援引上帝、自然或逻辑假定,因为光凭这些抽象而空泛的概念不足以说服众多理性的民众。如我过世的朋友与同事伊利(John Hart Ely)所言:"(自然法及其衍生说法的)优点在于你可以援引(它)来支持你的任何论点。缺点在于这一招早就被人识破了。"[10]对于这句话,我还要再补充一点,就是自然法支持者之所以能够一再地利用这个优点,是因为许多喜欢宣称自己的结论乃属自然法之命令的人,往往假装不知道自然法在思想上已经破产。如学者莱特(Benjamin Wright)的明智之言,"在争论白热化的阶段","人们在乎的并非本体论问题的讨论,而是如何在争论中获胜"。[11]

第六章

我们需要发明外在的权利来源吗
——即便它并不存在？

　　要求援引自然法的论证中，最具有说服力——也最常听到——的一个说法，就是我们**需要**自然法！没有自然法，我们就没有基础——至少没有法律基础——反对或抵抗已经通过立法的不当法律。

　　我经常听到一些非常聪明的人提出下列的说词与问题："好，或许你已理智地说服我权利并没有外在来源——造物主、自然、平等假定、保险柜理论、集体意志这些东西都太含糊也太不真实。但这会将我们带向何方？"

　　他们指出，人类已经证明自己在缺乏已知的外在道德与权利来源时无法进行统治。缺乏这样的来源，人类会毫无节制地为所欲为。我们需要约束，我们必须相信这些限制来自于更高的权威并且从客观上拘束了我们。如果外在来源真不存在或不从道德角度发声，我们仍须假设它继续存在。我们需要更高权威的道德虚构，即便这意味着我们必须虚构。我们渴求"奇迹、神秘与权威"，如同陀思妥耶夫斯基在他著名的大审判官场景中说的：

> 对于人与人类社会来说，再没有比自由更难以忍受的。如果他们摒弃我们（教会权威）着手建造属于自己的巴别塔，他们最终必然沦落到彼此相食的境地。

即便是哈特——他不断地批评自然法，并且修正原有的实定法观点，使实定法增添了道德内涵——也承认有确立某种外源基本权的必要。有鉴于20世纪中叶的可怕暴行，哈特认为我们"亟须一种权利理论"，以免重蹈历史悲剧。[1]这当然是个经验性的主张，其基础来自于人类的集体经验：缺乏外在的道德来源，灾难可能将随之而至。这种说法可以说相当准确。这个经验性的主张，其基础也来自人性：我们需要外在的道德来源，因为没有这些来源，我们就无法抵抗自由的诱惑。

特鲁希金拉比（Joseph Telushkin）更是尖锐地指出："时至今日，还没有任何哲学见解能有力地回答这个问题：'为什么希特勒错了？'除了那句：'因为上帝这么说。'"*

于是，外在权利来源的论证似乎可以用一句古谚来总结："有它你活不成，但没有它你也活不成。"前者是因为它根本不存在，后者是因为它不存在的后果令人担忧。

"需要"自然法的论证与上帝和宗教的功能论证极为相似。我们**需要**上帝为我们的行动设下限制。大审判官也说："如果没有上帝，什么

---

* Joseph Telushkin, *Jewish Wisdom* (New York: Morrow, 1994), p.43. 在本书中，我试着证明特鲁希金拉比是错的——无神论者或不可知论者也可以从经验出发来谴责希特勒。正是种族灭绝的经验，而非神学论辩，引发了第二次世界大战之后的人权风潮。

事都能做。"我们**需要**上帝赋予我们存在的意义与目的。我们**需要**外在权威使我们免予无限选择的内在焦虑。[2]我们**需要**宗教来面对生命的悲剧与不可避免的死亡。我们**需要**来生观念来合理化此生的不正义,并且以来生作为趋善避恶的动机。[3]本身不信上帝的伏尔泰希望他的律师、仆人与妻子都能信上帝,因为只有他们信上帝,"我被骗的机会才会少一点"。

我们深信散兵坑里或即将坠毁的飞机上不存在无神论者。或许我们并未如此深信。无论如何,"需要"论证并无法证明上帝真的存在,就像它同样无法证明外在自然法或自然权利来源的存在。我们需要某个东西,并无法证明这个东西真的存在。这只能证明我们需要佯装某个东西的存在,或者需要创造、建构或发明这个东西。哈特承认这种需要,他正确观察到最近有一股巨大的能量,要为基本而不可剥夺之权利的理论寻求"充分坚实的基础"。[4]然而,"需要"加上有力的寻求并不代表会有令人满意的结果出现。我们需要治疗癌症,我们也投入了大量资源于寻求治疗上,但这个需要至今仍未被满足,至于它是否终能获得满足,也仍属未知之数。

寻求外在基本权利来源的需要亦复如此:差别只在于我们永远也找不到这个来源,因为它根本不存在。正如人类创造了干预人事的上帝、组织化的宗教以及来生,我们也创造了神圣的自然法、世俗的自然法以及其他道德与法律虚构,因为我们认为它们可以满足我们最基本与最持续的需要。如陀思妥耶夫斯基的大审判官所言:"世人莫不持续地渴求找到某人来崇拜。只要人类仍是自由的,他便会持续而痛苦地努力找出某人来崇拜。"这是"人性的基本秘密"——"人类最大的焦虑,莫过于亟欲找到某人,将生来不幸拥有的自由当作大礼献给他。"[5]

就这个创造过程源自某些固有的人类需要而言,我们可以将之称

第六章 我们需要发明外在的权利来源吗——即便它并不存在?

为自然。就这个创造过程来自人类长久以来的经验而言,我们可以将之称为经验或培养。这两种说法的界线未必是清楚的,因为经验经常反映出固有或深层的人性面向。人类经验或许能证明人类需要外在的权利来源,但它无法证明这种来源确实存在。

一个需要自然法的著名例子,是美国独立战争。英国对殖民地的控制是透过英国国会不断立法而予以正当化。英国的控制是合法的,至少根据英国实定法,确实如此。但杰斐逊认为,还有位阶更高的法律——自然法与自然上帝的法则——胜过英国的实定法,特别是因为当时的殖民地居民在英国国会里并无代表(就跟在当时的选举权限制下的许多或绝大多数英国臣民一样)。反对《奴隶法典》《纽伦堡种族法》与斯大林时代宪法(由国家安全委员会辖下的法院所诠释)的人,也引用一种位阶更高的法律,他们别无选择,因为他们缺乏实定法来支持他们的主张:基本的公平与尊重。他们确实**需要**自然法。

认为自然法对文明世界来说是有用乃至于不可或缺的法律虚构是一回事(关于这一点在下一章再作详述),认为它实际存在则是另一回事。除非我们确实拥有治疗乳癌的特效药,否则我们佯装拥有就成了说谎,而且将造成危险。真实的情况是,一连串特定的权利都立基于实际上根本不存在的自然法之上,不管我们有多"需要"它或希望它存在。自然法是人类的发明,如同宗教相信有个干预人事的上帝一样。而这种发明就跟宗教一样有好有坏(我同样会在下一章处理这个问题)。不过,即便这种发明有好处,它的效果也不过等同于安慰剂。

毕竟,人类知识只有三种基本来源:发现、发明与启示。[6]自然的物理定律确实存在,并等待人类去发现。(即便没有人类,这些定律也依然存在,正如它们已以这样的方式存在了超过数十亿年之久;只不过它们不会被称为"定律",因为根本没有"人"能理解它们,更不用说为它们命名。)牛顿发现了一些定律,爱因斯坦也发现了一些,达尔文则是另外一些。如果这些巨人当初未能发现这些定律,我们可以合理假设还有其他天才会发现这些定律(或类似的定律),因为它们一直存在着,一有机会就会被人发现,正如即使德索托错过了密西西比河,还会有其他的欧洲人发现它。[7]因此宋飞说的一点也没错。

发明则完全不同。* 发明需要创造性地结合不同种类的知识与讯息——兼具理论与实务——来设计出之前不存在的事物。简单的发明,例如轧棉机或内燃机,就算原来的发明者未能发明它们,也会有其他人发明出来。复杂而较具个人色彩的发明,如贝多芬的交响曲、毕加索的画与莎士比亚的剧作,则无法为他人所复制,至少无法精确地仿效。这些发明是独一无二的。** 我们称这些作品"出自灵感",但实际上它们全都是人类的发明。当然,还有很多事物处于发现与发明之间的灰色地带,同时具有发现与发明的性质。这是因为发明通常需要发现,反之亦然。

最后则是天启,对于那些相信天启的人来说是如此。(有人主张启示属于发现的一种,但对怀疑论者而言,启示纯粹是人类发明。)与发现和发明一样,启示也是一种连续体。有些人相信上帝真的对特定人说话、交给他们字板,或是口授他们经文。另一些人相信上帝启发了人的行为,但却是在人类未察觉的状况下。还有些人,如杰斐逊与追随他的自然神论者(Deist),相信上帝创造了物理与人性规则,任何人只要观察这些规则,毋需教会、圣经或神职人员,也能参透个中透露的(发现的)上帝意志。

---

　* 发明一般而言取决于发现,两者之间的界线通常是模糊的。
　** 就算没有毕加索,也有可能发明出类似于毕加索的现代艺术取向。贝多芬与古典音乐以及莎士比亚与剧作人物的内在生命也是一样,只是内容并不完全相同。

那么，法律、权利与道德究竟是什么？实定法完全是人类的发明。举例来说，麦迪逊的宪法强调制衡原则，这是基于人类对其他政府类型的——多半负面——经验所做的实验。如同日后丘吉尔对民主的看法："撇开其他已经尝试过的政府形式不算，民主其实是最坏的政府形式。"这同样也是基于人类经验，特别是基于其他政府形式所产生的恶行。美国宪法——连同其制衡的体系——乃是一种以过去为基础来进行改进的尝试。与大多数人类发明一样，美国宪法建立在之前的发明与发现上。而美国宪法也跟大多数发明一样，并不完美，而且需要一套程序加以改变与改进。

另一方面，自然法声称自己是发现与/或启示的产物。自然法一直存在于某处，早已发展完备而毫无瑕疵，只是静静等待人类去发现或辨识它，好让人类能依赖自然法的原则生活。杰斐逊与许多当时的人都相信，人类可以运用上帝赋予他们的感官来发现外在真理。不过边沁曾经在相关脉络下提到：这种想法"简直毫无道理，大言不惭"。根本没有东西等待人类去发现，也没有东西是完美而永恒不变的。就所有的法则都是行为与道德的命令性规定来说，它们都是不完美且不断变迁的人类发明，而该为它们负责的人，正是身为发明者的我们。自然法以及从自然法衍生的各种说法都是人类的发明，人类为它们穿上发现与启示的外衣，好赋予它们更高的权威。自然法充其量不过就是法律或道德的虚构。

无论如何，这就是世界各地人们对这件事的真正看法。他们也相信权利是民主治理的核心。对这些人来说（我也是其中之一），知道这些权利来自何处——权利来源是什么——是很重要的，特别是因为权利可以凌驾多数人的决定。佯装权利来自某种实际上不存在或是无法理解的外在来源是不够的。如果权利能凌驾多数人的决定，它们势必拥有高于简单民主的地位,同时也具有超越实定法的来源。除此之外,人类经验已证明神圣法与自然法的道德虚构通常弊多于利。如果真是如此,我们应该着手构思一种新的权利理论,而它必须以人类可接近的来源为基础,并且必须服从于民众都可运用的真理验证体系。

第六章　我们需要发明外在的权利来源吗——即便它并不存在?

第七章

自然法是有利还是有害的虚构?

除了自然法是否为虚构——人类的发明——这个问题之外,我们还要提出另一个问题:自然法是有利还是有害的虚构? 由于自然法是虚构——人类的发明——所以它必须担负起"有用"这个沉重的包袱。如果自然法无法充分证明它的利多于弊,它就应该被舍弃。* 当援用自然法而产生"好"结果时——说服个人,使之不服从邪恶暴政的"合法"命令——我们全都愿意支持自然法(讽刺的是,这是因为我们认为结果可以合理化手段——而这是一种非常非自然法的评估判准)。但我们必须提醒自己,自然法也可以用来支持奴隶制度、种族主义、性别歧视主义、同性恋恐惧症、恐怖主义、封锁堕胎诊所,以及抗税。

事实上,自然法容易造成以正义自恃而目无法纪的现象(兼具正面与负面效果),从某种意义来说,它提供了不服从实定法的理由。当目无法纪针对的是邪恶时,我们报以掌声;当目无法纪导致邪恶时,我们

---

* 即便自然法这个虚构能挑起功利主义的重担,我们可能也需要基于诚实而舍弃它。然而如果自然法未能挑起功利主义的重担,我们就几乎找不到任何理由来保留自然法。

予以谴责。一方面，自然法的固有问题，在于它是一把指向民主与法治核心的双刃剑，而民主与法治这两个重要机制必须仰赖每个民众都可接近的实定法才能运作。另一方面，自然法仰赖的是精英从造物主与自然那里得来的信息，它们并非任何人都能接近，只有那些宣称自己有能力听到上帝的声音或诠释自然道德教诲的人才能接近。这些信息绝非自明。

杰斐逊需要法律之外的来源作为王牌，而当他撰写《独立宣言》时，自然法被那些反对圣经法的民众视为王牌，杰斐逊自己也是一样。事实上，自然法在当时被许多世俗激进分子视为天启圣经法之外的进步选择，如卢梭、斯宾诺莎与莱布尼茨。自然法从几个意义上来说是进步的：首先，凡是能观察自然的人，就能理解自然法——自然法是"自明的"——毋须圣经、教会、先知、教士或政府官员来翻译或诠释上帝启示的语言；其次，自然法的内容不受已逝过去的限制，因此得以避免将暴政、权威与压迫合理化的可能；第三，自然法的进步派支持者将"好的"自然权利灌输到自然法之中，如杰斐逊提出的脱离英国的权利，以及生命权、自由权与追求幸福的权利。

杰斐逊对自然法与自然权利所抱持的精英主义观点，使他与多数人的偏好背道而驰，举例来说，他曾经努力防止自己为实定法所做的重要贡献在未来被修正。1779年，杰斐逊在制定《宗教自由法案》(Bill for Establishing Religious Freedom)时，列入一条警告未来立法者的条文：

> ……虽然我们很清楚这个由人民选举出来的大会，目的只是为了立法，无权限制未来大会的立法，因为未来大会拥有与我们相同的权力，因此宣布这项法案不可废除并无法律效力可言；然而我们还是拥有宣示的自由权利，而且一定要如此

宣示,本法案主张的权利是人类的自然权利,此后如果有任何立法通过废除这项法案或限缩它的运作范围,将会是对自然权利的侵害。

因此,杰斐逊并未尝试说服被治者借由实定法让宗教自由权利的修正变得更困难,反倒援引了位阶更高的法律——"自然权利"。

为了替自己主张的宗教自由自然权利找到支持的理由,杰斐逊论道,如果万能的上帝想让每个人信奉相同的宗教,他们自然就会如此信奉。杰斐逊相信,免予被迫"捐献金钱来宣传自己不相信的意见",以及"自由信奉,还有以论证的方式主张自己对宗教的意见",乃是人类的自然权利。[1] 我完全同意这些权利**应该**被承认,也**应该**在法律上予以明确规定,因为经验证明如果这些权利未被承认,许多邪恶将随之而来。虽然如此,这些权利仍非源于自然。即便相反的权利才属"自然"——即便人类在基因或直觉上倾向于信奉与传布唯一的真实宗教——基于宗教暴政与宗教审查的恶行经验,我还是支持宗教自由与宗教异议的权利。大多数人从出生到老死都信仰同一种宗教,而许多人相信他们的宗教是唯一真实的宗教。天主教、清教、伊斯兰教以及其他宗教,长久以来认定人们有义务宣传自己的信仰,并且要惩罚不同信仰的人。杰斐逊的宗教自由权利之所以重要,并不是因为人性支持这些权利,而是因为人性**不**支持它们。事实上,最能反映出反自然法的色彩的,便是与宗教共识或其他宗教观点相异的权利。权利的功能在于改变人性;或至少是以人类经验为基础提供一个能制衡天性的据点。

杰斐逊试图将他发现的自然法予以法典化,使之成为实定法。事实上,致力于结合实定法与自然法这两种传统权利来源的人不仅只有杰斐逊。麦迪逊也以相同的理念制定美国宪法。事实上,几乎没有人相信缺乏实定法制裁的威胁,光凭自然法或神圣法就能影响人的行为。即便教会也将本身的规则法典化,并对违反者施以惩罚。如此便引发了下列问题:如果光凭自然法或实定法都无法提供具强制性的权利来源,结合自然法与实定法是否就能产生适当的权利基础?答案很明显是否定的,因为结合的取向并不能提供判准来解决自然法与实定法之间的冲突。自然法的支持者坚称自然法的来源——造物主、自然或其他更高的权威——具有优越地位,因此自然法永远在实定法之上。实定法的支持者则认为实定法的来源——民主与法治——赋予实定法较高的地位。至此我们不可避免地又回到自然法的真实性、对自然法的需求或至少是自然法带来的好处等问题——自然法是否真的胜过实定法。

每出现一个有关自然法善意运用的历史例子——例如杰斐逊——人们就能举出更多恶意运用的例子。举例来说,布坎南(Patrick Buchanan)就曾将艾滋病描绘成"自然"对同性恋者"不自然"与"不道德"行为的"报复"。以色列一位极端正统派拉比宣称,犹太人遭到大屠杀是上帝对犹太人吃猪肉的惩罚。前美国总统候选人基斯曾对高中生说,相信演化论会产生"强权即公理"的结论,并导致妇女堕胎。

2004年7月,美国参议院对同性婚姻问题开启辩论,当中经常可以听到如下的自然法论证:

> 婚姻的功能是生育;
> 自然法则要求一男一女结合才能创造生命;
> 因此,婚姻必须是一男一女。

这个论证有太多瑕疵——不管从逻辑、实证、经验、道德乃至宗教来看——实在不知该从何处批评起。首先,这个论证的前提完全是错误的,事实证明没有人能宣布——即便是最基要主义的宗教领袖也办不到——不能生育的夫妻婚姻违法。收养是不孕夫妻普遍采取的做法,而教堂里多的是八十岁结婚的夫妻接受祝福。有人说奇迹可能发生。如果真是如此——九十岁的撒拉能生下以撒,或童贞女玛利亚能怀上耶稣——两个同性恋女子为什么不能拥有小孩?当克隆技术使得光凭一个人便可进行繁殖时,将会有什么事发生?自然法则的改变,是否使得永恒的婚姻道德法则也必须一起改变?

当下认为必须要有一男一女(或至少一个精子与一个卵子)才能生育的相同自然法则,也能解释为什么有些男人对另一些男人以及有些女人对另一些女人具有性吸引力——还有他们对伴侣的需求。

除此之外,没有人会因为13岁的孩子已具生育能力,就认为他们可以结婚,或让被害人怀孕的强奸犯必须娶被害人为妻(如圣经的规定)。自然生育力与婚姻权之间并无必然关联。今日,反对同性婚姻的人士与机构也反对异族通婚,完全无视异族通婚的配偶当然能够繁衍后代的事实。他们引证说明自然对"混血"子女的憎恨以及"混血"子女对"白人"社会的可怕威胁。自然通常会为这些顽固执迷的想法提供掩护。

自然的"实然"不应命令法律或道德的"应然",虽然"实然"确实应该列入考量。除此之外,科学与技术的进步(有时是退步)相当快速地修正了自然法则。数代之前在自然上乃属不可能之事,现在在科学上已完全可行,谁知道未来将会如何?

自然论证当然无法用来反对同性伴侣收养子女——至少不能以用来反对同性婚姻的相同化约论生物论证来反对他们收养子女。同性伴侣不仅**能**收养,而且经验显示他们也能成为好双亲——当然,并不是每一对同性伴侣都如此,这一点对异性伴侣也一样。然而许多美国人,包括小布什总统,都引用自然法来反对同性伴侣的收养权利。人类经验与(某些人所定义的)自然法之间的直接冲突,事实上可以借由研究解决。我们可以进行以双方都同意的标准为判准的双盲实验(double-blind experiment),以确定是否同性双亲要比异性双亲来得"糟",如反对同性伴侣收养子女的人士所主张的。我怀疑这些反对者会被实验结果说服,因为他们往往同样以自然来掩饰自己的顽固执迷。

当然,前文对传统论者观点的引述,其实是对与自然法和自然权利相关的严肃思考比较嘲讽式的描写。不过,我所读过或听过的任何具说服力的自然法或自然权利陈述,没有任何一个经得起仔细地推敲,它们都不过是矫饰的说词,其真正的意思不外乎"我的政治观点(宗教、意识形态、经济自利等等)才是对的,而你的是错的,因为(你听不到他说话的)上帝这么说,或(从未以道德语言发声的)自然如此向我们指明"。

经验显示,自然法与其他法律虚构一样,可以用来且已经用来合理化各种罪恶行径。理论上,自然法也能用来对抗邪恶,但20世纪的经验使得人们严重关切自然法的实际效用,特别是在面临危机的时刻。20世纪历史出现了极端践踏人类权利的事件,而这些恶行多半由政府犯下,包括犹太人被大屠杀、人为引起的乌克兰大饥荒、柬埔寨人彼此屠杀、亚美尼亚人种族灭绝与其他悲剧。这些引起政治社会波澜的事件挑战了传统的宗教、法律与道德理论,不仅动摇了以神圣法或自然法为基础的理论,也动摇了以实定法为基础的理论。干预人事、全知、全能而良善的上帝怎么会允许犹太人遭受大屠杀?[2] 冷眼旁观数百万包括儿童在内的无辜民众被杀而无动于衷,这难道是人类的本性?对于防止种族灭绝一事,为什么披着自然法外衣的天主教会如此漠不关心?何以这么多伟大的思想家——从海德格尔(Martin Heidegger)到海森堡

(Werner Heisenberg)——都接受了纳粹的道德观?

对于一个反对自然法的律师来说,这个挑战尤其严峻。是否还存在别的选择?德国人在立法时极为审慎,他们投入大量心力在程序的精密与形式性上。[3]对法实证主义者来说,这引发了具挑战性的问题:否认犹太人与其他少数族裔具有基本权的《纽伦堡种族法》是"法律"吗?犹太人真的丧失了所有权利吗?或者,除了已制定的德国法外,是否仍存在着一套法律与道德权利能让《纽伦堡种族法》的受害者主张并寻求执行?这些问题的答案既无定论而且纷乱,也无法令自然法或实定法支持者感到安心。事实上,在德国与纳粹占领的欧洲,纳粹的受害者并没有法律权利——当然也得不到法律救济。* 犹太人与他们的支持者敦促那些在德国仍具权力或影响力的人——宗教、道德、经济、军事、外交或其他部门——采取道德行动来拯救犹太人。然而这些诉求全都失败,因为利己的实际考量更为急迫。[4]

最后,在自然法应该要发挥功用的战时,它却几乎未曾阻止纳粹对实定法的滥用。虽然在传统上,天主教会一直是超验而神圣的自然法最明确的阐释者,但作为机构的教廷,却鲜少以自然法命令去反对纳粹的法律。教宗未能担负起道德领袖的重任。梵蒂冈报纸《罗马观察报》驻柏林通讯记者在采访教宗庇护十二世(Pius XII)时,问他是否不会对犹太人种族灭绝一事提出抗议,据说教宗这样回答:"亲爱的朋友,不要忘了有数百万天主教徒服役于德军。我该让他们陷入良知冲突吗?"[5]

对于那些从根本上违反了法律与道德的人,如果自然法与道德的重要喉舌不认为让他们陷入"良知冲突"是自己的职责,他还有什么角

---

* 在意识形态预先决定了结果的情况下,我不认为合法性的**形式**可以赋予真正的权利。

色可以担当?(顺便一提,对于那些支持妇女堕胎权或同性伴侣同居权的天主教立法者,教廷倒是毫不犹豫地将他们推入"良知冲突"中。)如果自然法的角色不在于制衡那些诸如纳粹法律的野蛮行为,它的功能还能是什么?天主教会的失灵不只在于被动的沉默。它还主动参与严重悖逆自然法的行为,包括雇用纳粹安排给德国天主教机构的奴工。[6] 自然法的失灵,尤其是神圣自然法的失灵,无法轻易地用一句"人们不该期望自然法可以在危机或紧急的时刻发挥作用"一笔带过。这些时刻,正是自然法最该主张自身位阶优于人类法的时候。

有人为教宗辩护,他们指出某些具实用性质的关切,例如阻止共产主义获胜、维护教会财产,乃至保护神职人员的生命。然而自然法与道德的价值,正在于它不作成本效益分析或不同于情境伦理学。然而,这正是人们为已进入封圣第一阶段的教宗庇护十二世所作的辩护。封圣庇护十二世,无异于向未来的世代宣布,在面对不道德时权宜地保持沉默可以得到奖赏——即便是在危机过后的数十年——而奖掖这种行为的,竟是自然法的支持者。有些人认为,虽然上述**这个**与自然法有关的特定事例未能合乎自然法严苛而不容妥协的标准,但这并不表示自然法作为一个理想概念已经破产。然而这些认为自然法可以牵制实定法的人至少必须证明,自然法曾经在人类灵魂遭受试炼的时刻发挥作用才行。可惜的是,人类的经验似乎无法支持他们的看法。

像犹太人遭受大屠杀这样的事件所引发的问题,与其说是和法律**来源**有关,不如说是和法律**适用范围**、权力与效果有关。我认为在德国国内经由"正当"立法程序制定的《纽伦堡种族法》,违反了实定的国际法与人类道德规范。所有文明国家莫不一致谴责纳粹以德国法为名所做的一切(虽然没有什么国家采取实际行动)。直到战争结束,纳粹领导人在纽伦堡被审判后,各国才一再强调它们崇高的国际法与道德观。

不过,如果世界各国一致同意,杀害犹太人、奴役黑人或吃小孩是可允许的,那该怎么办?这是否足以使之成为"法律",并剥夺受害者的任何权利?受害者可以引用什么样的权威来源?战后的纽伦堡大审试图回答这些问题,它承认并施行了一套人类设计的基本规则,用以超越个别国家的实定法。[7]这项努力在概念与实务上都相当困难,特别是"新"实定法要回溯适用到先前已经施行的法律上。虽然如此,它还是造成了改变。现在已经有一些关于违反国际实定法的审判与有罪判决出现,其中不乏被告行动完全符合自己国内实定法的例子。[8]因此,纽伦堡大审站在法律与道德连续体的两端。纳粹掌权期间在纽伦堡制定的法律,战后即在纽伦堡受到审判。在战胜国位阶较高的实定法压制下,原初的纽伦堡法毫无辩解的余地,而这件案子也成了全世界共同的实定法判决先例。虽然这个判例难以执行,但国际人权的世界已与一个世纪前大不相同。

对于那些赞同边沁怀疑论观点的人——边沁说所有道德权利都是"毫无道理,大言不惭"——我的看法是,就边沁写作的时代来看,他的描述或许正确,特别是18世纪与19世纪初。这表示我们必须更努力。身为国际人权的拥护者,我们有责任让世界共同体相信,生活在以权利统治的世界,要比生活在受武力统治的世界好,正如生活在由权利统治的国家,要比生活在单凭权力统治的国家好。这是我们要面对的挑战,特别是在通讯全球化的时代里,再用"我们不知道"这个犹太人大屠杀期间绝大多数正直的人们所说的理由当借口,已不再合理。许多人知道,或应该可以知道,或有机会却不想知道。联邦最高法院大法官法兰克福特(Felix Frankfurter)在听完伟大的卡尔斯基(Jan Karski)对华沙犹太区与死亡集中营的详细说明后,对卡尔斯基说:"像我这样的人在对像你这样的人说话时,必须完全诚实。因此,我诚实地说道:我无法相信你。"*

法兰克福特的意思并不是**不相信**,而是他**无法**相信。法兰克福特与其他跟他类似的人**选择**不要知道,为的是眼不见心不烦,这是人的天性。若要避免犹太人再次遭遇大屠杀,必须从教化出发。

在即时通讯的时代里,否认——拒绝相信——是不可能的,我们必须直接面对如何倡议、实施与执行基本人权(特别是人类有不因个人的种族、宗教或族群而遭杀害的权利)这个困难议题,借此将自己提升为不是只依循"自然"本能(自我保存、基因传播)行动的物种。在这个国家基于种族、族群与宗教而赞助恐怖主义的时代里,这种要求更是迫切。最近的恐怖主义,正是一种足以改变哲学思想的"经验"。

我们可以思考一下小布什总统的正当决定,他授权击落即将坠入建筑物的遭劫持客机。哲学家必须让这项决定与既有的**理论**协调一致,因为几乎人人都相信,在那样的情况下,这个选择虽然邪恶但却适当。这个问题对罗尔斯来说并不难,因为对于任何处在无知之幕后的人而言,让数百人的生命多持续几秒钟,显然比不上让数千人能安享他们的天命。边沁基于功利主义计算也不会有任何犹豫。康德则会伤透脑筋,因为这是牺牲一群人来拯救另一群人。聪明的康德主义哲学家也许会认为飞机上的乘客宁可牺牲生命,也不愿成为杀害其他人的工具。但这并不能帮神学家解决问题,因为对他们来说,寻求死亡就是自杀。如果一个痛苦不堪的末期病患在上帝决定终止他的生命之前都不能寻求死亡,一个旅客又怎能加速自己的死亡来拯救他人呢?

---

* 卡尔斯基是纳粹占领期间波兰流亡政府的外交官员,他在亲眼目睹华沙犹太区与死亡集中营的惨状后前往英美,希望其他国家能出面阻止已在发生的犹太人大屠杀。1942年,他与富兰克林·罗斯福总统身边几位重要人士会面,其中一位即为法兰克福特。——译者注

第七章　自然法是有利还是有害的虚构?

神学家终究会找到理由。他们也许会将旅客类比成军人,后者知道自己将因执行职务而死。但如果旅客宁可试着夺回飞机的控制权呢？也许可以将旅客类比作被枪击要犯挟持当作人肉盾牌的民众。可以确定的是,人们将会认为小布什的命令在哲学、宗教与法律上都是正确的,因为任何不想被他人蔑视的人,都会说飞机该被击落。在这里,答案为**常数**,推理为**变数**。我们与邪恶交手的经验(恐怖分子利用客机当炸弹),让我们对这个以往争论不休的悲剧选择有了正确的答案。现在我们必须思考问题该如何提出,才能确保我们必然能得出上面这个正确答案。我将在下一章说明,在提出问题时,不该问上帝或自然教导了我们什么,而是问经验教导了我们什么。

法理学投入大量心力,试图解决自然法(及其衍生说法)支持者与法律实证主义(及其衍生说法)支持者之间难解的冲突。讲极端一点,这场难解的冲突其实是一种虚假的二元对立,是一场两个同样有悖逻辑的取向的对抗:自然法试图从道德中立的自然运作推演出道德内容,法律实证主义则试图将道德归属到可能道德也可能不道德的人类制定法中。

世上并不存在神圣的道德法则,真正存在的是以造物主权威为护符的人类法律。世上没有源自人性的道德法则,只有人类为控制邪恶并发扬人性善良而做的努力。任何将法理学建立在造物主言语或自然造化之上的尝试终将失败,因为造物主或自然从来不曾以人类可听闻或可理解的声音发言。法理学也无法建立在法律实证主义之上,因为这种法律取向不具有实质的道德内容。法律实证主义只描述法律是什么,却未能指示人们该做什么。最后,结合自然法与法律实证主义于事无补,因为在面临两者间不可避免的冲突时,最终还是要决定哪一个取向具有优先性。

在这个时代,我们已更能了解自然的随机性——亦即自然没有外在指示的"目的"——因此我们无法继续推卸建构道德的责任,我们必须让自己超越卑劣的自然本能,并强化本能中慈善的那一面。[9]我已逝的朋友与同事古尔德这么说:

> 智人(*homo sapiens*)也许是最聪明的物种,但我们不过是昨日才刚从枝叶繁茂的生命树中冒出头来的细小枝桠。生命树并没有偏爱的生长方向,我们所属的脊椎动物不过是众多物种中的小小分枝,甚至连在各种平起平坐的物种间居首也谈不上。我们并不特殊。这世界并非为我们而设。我们不是造物,而是随机力量的产物。[10]

如果古尔德没错,宇宙的随机性便对人类道德构成最大的挑战。如果我们孑然一身,并未拥有预定的命运,决定我们命运的便是我们自己——不管是作为个人还是共同体。我们对自己的未来负有责任,正如我们必须对自己的过去负责。该改善自然与修复世界的,是我们。古佛教谚语有云:"祸福无门,唯人自召。"[11]创造道德的是我们——不管是好是坏——道德并不"存在于某处"等待我们去发现,也非从某个山顶递交给我们。正因我是个怀疑论者,所以我才是个道德学家。正因道德完全出于人类的发明,所以我们必须投入大量精力于建立道德、法律与权利。若无道德、法律与权利,我们无法生存,然而除非**我们**创造它们,它们不可能存在。我们绝不能将我们的决定权交给那些宣称自己听到上帝沉默之声或了解自然不可知之道德含义的人。一位伟大的哈西德派(Hasidic)拉比曾被问到,在决定自己该如何行动时,假装上帝并不存在是否恰当。拉比回答:"恰当。当一个穷人向你要求施舍,你应该施舍他,仿佛上帝并不存在——仿佛只有你能拯救他免于饿死。"我要把这位拉比的回应延伸到所有修复世界的道德决定上。*

此刻,我们应该承认传统自然法与传统法律实证主义在思想上已经破产,并寻求不同的取向来处理自然**实然**与道德**应然**、既有法律的**实然**与法律应该是什么的**应然**之间的关系。我将在下一章说明这个取向必须建立在人类经验的基础之上。

---

* 此外,在这个我们见证了以实定法为名所进行的极端道德滥用的时代里,我们无法接受法律的存在即代表道德。当然,人们可以同意苏格拉底的说法,认为公民有遵守经过公平社会适当制定的法律的道德义务,尽管只有极少数人会主张纳粹德国是个公平社会。

第八章

什么才是权利的来源？

在缺乏外在基础的情况下，除了实定法之外，还有什么可以作为令人信服的权利来源？总而言之，本书提出的理论认为，权利是经验与历史——尤其是极端的邪恶——所教会我们的更好选择，而这些选择是如此重要，以致于应该教导公民将它们确立为权利，同时别让权利屈从于善变的多数决之下。

因而从某个重要层面来看，权利理论也是恶行理论。权利起源于最恶劣的不义：十字军、宗教裁判所、奴隶制度、斯大林时期的饥荒与整肃、犹太人大屠杀、柬埔寨屠杀与其他虐待等如今凡理性之人都认为是恶行的事件。

权利化的过程所具有的不断演进性质——以及人们对于完全正义（perfect justice）*的内涵并无共识的事实——并不会使得我们忽略明显不义的恶行，也不会使得那些支持或施加恶行的人可以退守到道德相对主义之中，从而将不道德的行径予以合理化。没有任何道德理由

---

* 本书中的 perfect 将因上下文而译为"完全"或"完美"。——译者注

可以支持种族灭绝行为,这点可以从未曾有人为之提出理性论证加以辩护而得到明证——就算有这样的论证,它也从未在古今的观念市场中胜出。就连希特勒与他的党羽,也试图将种族灭绝行动隐藏在委婉与闪烁的说词之下。[1]今日,我们只看到有人否认犹太人大屠杀事件的存在,却几乎看不到有人为犹太人大屠杀事件辩护。事实上,犹太人大屠杀事件已成了不义的典范。

奴隶制度是不义的另一个典范,但它却有辩护者。这些辩护者的论证已完全被历史判决所否定,但这并非仅因奴隶主在战场上败下阵来。即便南方政府获胜,奴隶制度也不可能维持下去。经济与道德的考量使得南方的奴隶制度注定会失败,如同它在世界其他地区遭逢的命运一样。从经验的透镜望去,尽管当时的奴隶制度实行者与辩护者大力主张,它依然被证明为是不义的一个典范。对于为他人工作的人来说,完全正义是什么,人们并无共识:是公平的薪资?是分红?还是各种保险?对于员工所应享有的完全经济正义究竟是什么,有理性的人会有不同的看法,而他们也确实意见分歧。不过,现在每个有理性的人都承认奴隶制度是极大的不义。

我的权利取向有两个步骤:首先是辨识出我们试图避免重演的最大恶行有哪些,接着则探问某些权利的丧失是否导致这些恶行的发生。如果权利丧失真会造成重大恶行,这样的经验便能成为强大的论据,说明为什么这些权利应该确立。这种由下而上的取向,其基础在于现实——对于什么是重大不义,人们要比什么是完全正义更能形成共识。如果人们可以就某些权利在减少不义上所扮演的核心角色形成共识,这样的共识便可构成坚实权利理论的开端。我们依然可以继续讨论完全正义的定义与条件,但这是个永远不会结束的讨论,因为完全正义是个极为理论性而充满乌托邦色彩的概念。不过,在此同时,我们却能从世上的不义经验——完全与理论无关——中学到许多有关权利的知识。以这种负面经验为基础,我们可以支持并行使这些已被证明(或可被证明)能够钳制暴政与不义的基本权利。或许有一天,我们终能建构出引领我们走向完全正义的完整权利理论。不过既然我们对明显不义的经验要比抽象的完全正义多,由下而上的取向似乎要比由上而下的取向更为贴近现实。在范围上,由下而上并不是一种很具野心的取向,但若它果真能减缓我们在20世纪及其他世纪里所经历的不义,它却会带领我们达成相当的成就。

亚里斯多德的取向是由上而下,他认为,在我们能定义人民的权利或探查"理想政治体制的性质之前……我们必须先定义最可欲的生活方式的性质。若是最可欲的生活方式的性质未能定义清楚,理想政治体制的性质势必也无法清楚"。[2]依我的观点,我们只要对**最不**可欲的生活方式达成共识并试着对抗这些邪恶便已足够。这种极简主义的权利概念或许并不"理想",但却是我们能够企盼得到的最佳概念。在亚里士多德之后两千多年的时间里,我们还是未能确定"最可欲的生活方式的性质"。对于完美的善的性质是什么,有理性的人永远都会意见分歧,但对于经验教导我们应试图防止的邪恶,人们则少有异议。

如果拒绝采取亚里士多德的观点,我们就必须面对下列问题:如果没有正义理论,我们要如何辨识它的反面,也就是不义?* 在一个没有正义典范的世界里,我们要用什么标准来判断不义?这些问题,是可能不会有任何完美理论解答的理论问题。但事实是经验能告诉我们如何辨识不义,即便不是**完全**不义(perfect injustice),而重大的不义类型也不

---

* 我与好友及同僚诺齐克最后一次交谈时,他提出一个问题:如果未先定义完全正义,我如何知道什么是完全不义?虽然这个问题没有完全令人满意的答案,但我认为即便没有完全正义概念,我们也能辨识重大不义。

会有人——至少是在今日——试图将之合理化。至今许多正直而智慧的人士仍对完全正义的内容争论不休,但他们却对犹太人大屠杀或其他有意造成的集体种族灭绝事件的不义毫无异议。我们已看过不义,现在我们便能辨识它,即使有些人在不义被犯下的当口并未认出它来。* 或许当我们经验了完全正义,我们也将会知道完全正义是什么,但直到目前为止,我们距离这样的经验似乎还很遥远。乌托邦哲学家对于什么是完全正义的社会毫无共识,即便只是在理论上。但对反乌托邦作家来说,描述不义却比想象完全正义来得简单,如奥威尔的《一九八四》(1984)、赫胥黎的《美丽新世界》与卡夫卡的《审判》。这种不太有野心的权利取向不仅是我们所能采取的最好做法,而且在多元化的社会里,人们对于什么是最好的生活往往有着不同的想法,因此这个取向也可说是一种"理想建构"。

  无论如何,"完全"正义的观念是个抽象物,它源自于"完美"的外在来源,如上帝与自然。笛卡儿认为,只有上帝是完美的[3],而只有借由参照完美,不完美才能被理解。[4] 但为了防止重大恶行再度发生,我们并不需要将自己局限在与完全不义进行搏斗上。只要能认识多半由不完美的人类所造成的平凡、真实而重大的不义便已足够。除此之外,减少这类不义不仅实际而且迫切。要建立一种实用的权利理论(一种不宣称自己完美的权利理论),我们毋须在"完全正义"的内容上达成共识,只要大家同意什么构成了不义就已足够,因为这些不义所造成的恶行,迫使我们设计出一套权利体系来防止它们再度发生。要求达致完

---

* 已故联邦最高法院大法官斯图尔特(Potter Stewart)曾说过一句妙语,虽然他无法定义露骨色情(hardcore pornography),但"当我看到它时,我就知道它是"。我很惊讶地发现,今日有些人并不承认恐怖主义的不义,并认为某些形式的恐怖主义是合理的,或是某些崇高的目的可以合理化恐怖主义,使之成为实现崇高目的的手段。即便如此,他们似乎还是同意至少有某些恐怖主义行动构成了不义,例如世贸中心事件。

美,乃是防止邪恶的大敌。

　　以恶行史为基础来建立权利理论,还有另一个重要好处:要求人们立即行动。我们毋须等待亚里士多德式的弥赛亚——每个人都认同的"最可欲的生活方式"——出现,就可以开始着手防止恶行。等待这位(及其他)弥赛亚只会让更多可怕的恶行发生,其中有些还奉弥赛亚之名。只要我们一看到恶行,便会马上防止它们再度发生,我们的任务很清楚:发明并支持用来制止(或减缓)这些恶行的权利。亚里士多德式取向造成的结果是不行动。以恶行为基础的权利取向则要求立即行动。

　　除此之外,以恶行为基础的权利取向,还要求我们持续倡导权利。如果权利不是来自静态来源,如永恒的上帝或他不可变动的自然法,我们就必须不断以历史与经验的持续变迁力量来护卫我们的权利选择。我们不能仅主张我们支持的权利来自于完美的上帝、不变的人性,甚至来自于民主的逻辑或是对平等的承诺。权利无法被发现,因为它们并不存在于某处等待被发现。权利也无法逻辑地从外在现实演绎出来或从论证中建构出来,因为赖以进行演绎或建构的前提本身,便是不断变动的经验与知觉的产物。权利必须由人类基于经验发明而出,特别是我们长久以来从自己创造的恶行中产生的集体经验。此外,权利必须在彼此竞争的观念市场中得到拥护。

　　如果权利源自人类的经验与历史,权利应该是培养而非自然的结果。"培养权利"(nurtural rights)一词虽然听来有点笨拙,却比自然权利更贴近真实。在这方面,权利——如同道德——带有些许情境性,不过这并不是说权利在应用于不同情境时会毫无共通性可言,而是说权利反映了权利当初被创造、陈述与排序时的不同历史与状况。*

因此,我会反对那些以美国《独立宣言》中经常被引用的段落——"自然法与上帝的律法"——作为权利来源的人,这一点应不令人意外。《独立宣言》的作者相信某些"真理"是"自明"的,如"造物主赋予人类若干不可剥夺的权利","其中包括生命权、自由权和追求幸福的权利"。之后,《独立宣言》从神授自然法转移到人类基于社会契约而订定的实定法,并且主张"为了保障这些权利,所以才在人们当中成立政府,而政府的正当权力则是来自被治者的同意"。换言之,我们权利的**实质**来自于我们的法律之外——来自于自然与上帝。但这些神授权利(也许还有其他位阶较低的权利)**赖以确立**的**程序**却是实定法的、民主的程序。因此,权利的自然法宣言便转移到权利的实定法宪制化。

这段表述有很多问题。如果蕴含在这些法律中的真理如此"自明",为什么英国当局与美洲托利党人无法认清它们?自明真理之间的冲突如何解决?如果某些精英所理解的"上帝"律法与"被治者的同意"之间发生冲突呢?而所需的"同意",又该来自被治者当中的哪些人?

再想一想奴隶制度的例子,许多白人都相信奴隶制度符合上帝的律法,但它明显违背了被奴役者——他们被视为财产而非公民——的平等、自由、同意与"不可剥夺的权利"。想想为什么"自然法与上帝的律法"赋予美洲殖民地独立于大不列颠的权利,但不到一百年后,同样的法律却否认南方邦联有独立于美利坚合众国的权利。而不信仰者、

---

* 联邦最高法院大法官肯尼迪(Anthony Kennedy)在"拉苏尔诉小布什案"(*Rasul v. Bush*)的协同意见书中表示,"权利范围的增加"取决于个人与美国的关连性。肯尼迪引用大法官杰克逊的说法,在美国,"外国人……若能逐渐认同美国社会,其所拥有的权利范围将随之扩展与增加"。*Johnson v. Eisentrager*, 339 U. S. 763 (1950), at p. 770.

怀疑论者与不可知论者的权利又该作何解释？他们的权利源于谁或源于何处——如果他们真有权利的话？美国前任总统老布什与前总统候选人基斯都认为，无神论者不会是好公民，因为他们不接受《独立宣言》的陈述：美国人的权利是"造物主"赋予的。上帝是否赋予人类不信仰他的权利？* 如果是，为什么他的神职人员威胁人们一旦行使不信仰的权利，将会受到永恒的天谴？人性是否使得信仰上帝成为必要？是信仰某个特定的上帝吗？如果是，那是哪一个上帝？《独立宣言》并未回答这些因提到上帝乃权利来源而引发的难题。虽然《独立宣言》援引了上帝的律法，但它从未提及圣经、基督教或宗教组织。杰斐逊、富兰克林与潘恩对于宗教组织存有戒心，他们所信仰的上帝，是不干预人事的上帝。潘恩是个激进的反基督教分子，他写了一本书来攻击圣经：《理性时代》(*The Age of Reason*)。

作为一份用来支持道德的法外行动以及建立共识的文件，《独立宣言》的措辞抽象而概括，为的是避免冒犯任何可能支持独立的民众。《独立宣言》不应被误读为前后一贯——或权威性——的权利来源理论。事实上，它是政治上的"米德拉西"(midrash)文类，类似于宗教上的米德拉西姆(midrashim)——后者用来诠释宗教事件，例如上帝在西奈给予摩西十诫、真主对不识字的穆罕默德口授古兰经，以及史密斯在纽约乡间发现埋藏的金板。** 不过，由于《独立宣言》是美国立国的核心文件之一，因此经常被引用为实定法的一部分，尤其是那些认同《独

---

* 哲学家摩根贝沙(Sidney Morgenbesser)临终时问了一个问题，然后他以典型的犹太风格用另一个问题来回答："为什么上帝让我受这么多苦？难道只因为我不信仰他？" Douglas Martin, "Sidney Morgenbesser, 82, Kibitzing Philosopher, Dies," *New York Times*, August 4, 2004.

** 米德拉西姆(米德拉西的复数形)是圣经文本诠释，它在诠释圣经时运用了例证故事、解释、评释与其他形式的圣经解释学。

立宣言》以上帝作为权利来源的人。[5]

然而,精读整篇《独立宣言》——而不只是读那些经常被引用的句子——却会对经验性的权利取向有相当大的助益。《独立宣言》的中心部分罗列了一连串恶行——"滥权与权利侵害"——它们使北美殖民地居民有"成立新政府的权利",借以"为他们未来的安全设立新的保障"。* 因此,《独立宣言》的签署者同时援引了自然法与自身所经历的不义经验——恶行经验——来合理化他们的权利要求,并作为防止这些恶行再起的保障。依我来看,他们基于经验的主张,要比基于上帝、自然与其他"自明"——但争议较多——的命题要来得有说服力。如伊利指出的:

> 坦白说,《独立宣言》其实是一份诉讼摘要(带有一点起诉书的特征)。凡是写诉讼摘要的人往往都会在论证中添加一点叫嚣责难,而且他们这么做往往都经过深思熟虑。为革命写诉讼摘要的人,明显不可能有清楚的实定法作为护符,因此他们会诉诸自然法,乃是经过慎思的。[6]

这是一种源自上古时期的战术。如亚里士多德所言:"如果成文法不利于我们的诉求,很明显地,我们应该诉诸普世法。"[7]反之亦然:如果自然法削弱了立法者的权威,立法者将诉诸实定法。这是娼妓的本质。谁要她,她就跟谁,只要付得起价钱。因此,在《独立宣言》之后数

---

* "新的保障"指的当然是新发明的权利,这些权利之前从未存在过,因而也非永恒。事实上,许多新保障在《人权法案》中被采用为实定法,且其中有些法条的订定是直接针对《独立宣言》里所罗列的恶行。参见 Alan Dershowitz, *America Declares Independence* (Hoboken, N. J. : Wiley, 2003) at pp. 116—118。

年,开始草拟美国宪法时,上帝与自然均未被明确地援引为权利来源。事实上,美国宪法当时被称为"无神的宪法"。既然美国已成为法律国,宪法设计者最不愿做的——现在的立法者与执行者亦同——就是鼓励以模糊的自然法观念为根据的法外行动。过去自然法为美国独立战争提供了理由,现在它必须功成身退。既然美国已经成立,实定法——无论它有什么局限——成了**美国的**实定法,娼妓便失去了魅力。

不过,变动的经验需要变动的权利概念,因此也需要变动的宪法。美国必须经历一场内战,才能取消黑人在原有宪法中被赋予的劣等地位。法院并不足以担负起实现《独立宣言》虚伪平等承诺的任务。南北战争后的宪法修正案——第十三、十四与十五修正案——是基于过去的恶行所创造的新权利。最高法院的判决和国会的立法使这个过程直到今日仍未停歇,如"布朗诉教育委员会案"(*Brown v. Board of Education*)和各项与民权相关的法案。

以不义的经验为基础,建立由下而上的权利体系,与普通法的法律学说发展取向是一致的。不义提供了改变的机会。普通法的历史,是法律学说不断调适以避免或减少不义的历史。当争端当事人认为已经得到正义,就没有诉讼的必要,也不需要解决争端,因此就少了改变法律的刺激。案例汇编与已知的正义无关,而与寻求救济的不义有关。即便是亚里士多德理论中的矫正正义,也承认恶行与矫正法律以恢复均衡的需求之间存在着紧密关系。

权利的历史亦复如此。当多数人对待少数人的方式符合正义时,就不太需要权利。但当不义横行时,权利就变得十分重要。恶行激起权利,沧桑的历史证明了这一点。

权利来自于恶行,这个取向也与从过去科学家的错误建构新理论的科学方法一致。费曼(Richard P. Feynman)曾如此描述科学的重要价值:

科学家常常感受到无知、怀疑与不确定,我认为这种经验极为重要。当科学家不知如何回答问题时,他是无知的。当科学家预感结果会是如何时,他是不确定的。而当科学家相当确定结果会是如何时,他还是有些怀疑。我们发现一件非常重要的事:为求进步,我们必须承认我们的无知,并且保留怀疑的空间。科学知识是由确定性高低不等的陈述构成的——有些陈述无法确定,有些几乎可以确定,但没有一个是**绝对**确定。

现在,我们科学家已习惯如此,我们认为不确定是理所当然,活在**无知**之中也是可能的。但我不知道是否每个人都了解这才是真实。我们的怀疑自由,是从早期科学对权威的斗争中诞生的。那是一场深刻而强烈的斗争:让我们可以质问——可以怀疑——可以不确定。[8]

法律也是一样,我们永远无法做到绝对确定或完全正义。这是一件好事而非坏事,因为它可刺激我们以过去的错误与现在的不确定为基础,永恒地追求更好的正义。正如科学进步"来自于令人满意的无知哲学"[9],权利也是一样:权利的进步来自于令人满意的恶行哲学。

为特定时空所需的正确权利提供完整而周全的新取向,恐怕已超出本书的范围。本书的目的,在于开始构筑新的研究取向,其根基既非虚无缥缈的自然法形而上学,也非法律实证主义空泛的同义反复。攻击传统观点要比建立并护卫新观点简单得多,对此我心知肚明。或许要提出一个完全没有破绽的权利理论是不可能的。若果真如此,本书可视为一个论证,支持——而非反对——一种过程导向、倡导性的权利取向。一边行使权利,一边倡导权利**化**的持续进程——在自然法与实定法之外探索可能的权利来源,并发明与落实新的权利,这是一个不断往前进展的工作——这与如下的认知是一致的:我们可能永远无法设计出完美的权利理论。在无完美理论的情况下倡导权利,远胜于沉默地接受恶行直至权利理论臻于完美。*

权利发展是一个持续的人类过程,因为不断变动的经验证明了对不断变动的权利的需求。一旦权利"被发现"或"被天启",它们并不会维持不变。"权利化"的过程必须随着人类做出恶行的能力而作调整。历史证明权利并非永恒不变。某个时空所认定的权利,却会被经验证明为恶行。例如霍布斯认为"主权者的权利"包括有权检查任何违反"真理"的事物。

> 这些都是主权者的权利,由他来判断哪些意见与学说对和平有害,哪些对和平有利;在对民众发言时,该在什么样的场合、该讲到什么样的程度与内容以及该由谁来发言;并在所有学说书籍出版前进行检查。[10]

经验证明,主权者检查作品的"权利"造成了恶行,而为了防止这些恶行,我们必须创设不受政府检查的权利(或许非常情况可以例外)。这项权利现在已为美国实定法与绝大多数自然法理论所承认。然而它的根源却是人类对政府检查恶行的经验,而这种恶行正是霍布斯所认为的权利。

奴隶制度是另一个例子。如同之后我将会提及的,许多南方知识

---

* 依我的看法,卡夫卡借由描绘一个没有权利的反乌托邦世界,反而比那些宣传权利乌托邦世界的权利倡导者更能充分说明权利的重要。

分子不只相信奴隶**主**有拥有"人类财产"的神授权利,而且也相信奴隶**自己**有成为"基督徒奴隶"的权利。今日任何有理性的人都不会接受这种"权利"。取而代之的是成为自由劳工——非奴隶——的权利,这种权利是从奴隶制度恶行的经验中建构出来的。今日这项权利已为实定法和所有自然法理论所承认。而它的基础并非神圣来源——事实上,圣经将奴隶制度合理化——而是人类经验。(劳工组成工会与集体议薪的权利也是一样。)

权利随时空而变,这点毋庸置疑,但权利的变动并非循序渐进亦非对称。权利往往会在一段很长的时间里未曾出现任何改变,或是改变甚少,接着,在转瞬之间,各种新权利却会急速出现。已故的同事古尔德观察到自然界有个现象,他称之为"间断均衡"(punctuated equilibrium),演化的变迁是"不规律"的。虽然一般来说,我对使用自然现象的科学观察来比拟人类发明抱着相当戒慎的态度,但古尔德对演化的观察与我对权利的观察之间,的确有着惊人的相似之处。* 古尔德的取向摘要如下:

> 达尔文认为演化是一段缓慢而连续的过程,并无突发的跃进。然而,如果你研究在连续地质层中发现的有机体化石,你将看到有一段漫长的时期没有出现任何变化("均衡"),但长期跟长期之间却被短暂而革命性的转变所"间断",在间断期间物种灭绝,取而代之的是全新的生命形式。地球生命的演化并非缓慢而持续的演进,反倒比较像是军人的生涯:大部

---

* 这或许不是偶然,因为我有几年的时间与古尔德及诺齐克合开一门课,在当中我们比较与比对了科学、哲学与法学的知识论。

分的时间无事可做,但偶尔会出现罕有的恐怖时刻。[11]

诸如巨大陨石撞击、长期炎热或酷寒以及巨大火山爆发之类的剧变自然事件,杀光了某些物种以及残存物种中适应力较差的个体。这些是自然版的"恶行",尽管自然就像典型的疯子一般,无法分辨对错。不过,自然快速地将大量有生之物扫除净尽,借此加速了演化的步调。这并不是什么推动低等生命形式往特定方向演进的宏大计划——朝向人类意识或其他高等的存有形式。它单纯是无理性、无目的的自然力的作用,只是偶然间造成了改变。这种变化被从中获利者与有能力评价者——亦即人类——视为"进步"。自然并不寻求进步或退步。自然只是改变生命来回应自然现象,而当它在改变生命时,并无预定或审慎决定的速率,它只是在回应其他不规律的自然事件。*

虽然人类的发明——如权利以及刺激权利产生的恶行——并不像自然变迁那样既无理性又无目的,但它们的发生似乎也同样"没有规律"。历史显示,权利往往在很长的一段期间里几乎毫无变化。然后一场悲惨的人类恶行突然发生,如犹太人大屠杀。接着,世界认识到这些恶行,并且以急速出现的权利作为回应,例如第二次世界大战结束之后,而国际人权也因此往前迈进了一大步。[12]有时恶行来得并不突然,而是维持一段很长的时间,如奴隶制度。此时,只有基于对恶行的认识——或是在经过冲突之后,恶行落败——才刺激了权利的发展。美国南北战争之后,宪法修正案很快就将蓄奴的权利改为免予沦为奴隶的权利。

---

* 这并不表示自然毫无秩序或没有任何规则,而是说自然并不存在任何目的或外来加诸的目标。

诸多历史事例显示，重大恶行的认识往往伴随权利的急速出现，*尽管并非永远如此。也有一些历史事例显示，当人们认为恶行是因权利过度而引起时，权利往往会在恶行之后快速限缩。[13] 为了因应近年来的恐怖主义攻击，我们可能正经历着这样的权利限缩，如果恐怖主义升高，权利限缩或许会更为极端而广泛。[14]

美国对日本攻击珍珠港的回应，便是这种复杂现象的例证。在那"丑恶"的一日过后，美国自由派政府[15]随即下令设立强制收容中心以监禁超过十万名日裔美国人，为期达数年之久。联邦最高法院在几位自由派大法官的同意下，支持了这项严重侵害权利的行动。战争结束后几年之内，许多美国人逐渐了解了这种以种族为依据的监禁是个重大且不可再犯的恶行。美国政府正式向被监禁者道歉，并支付了他们象征性的赔偿。

当世贸中心与五角大楼被穆斯林极端主义分子——大部分是来自沙特阿拉伯的瓦哈比教派（Wahhabi）——攻击时，没有任何一位政府官员提议对所有穆斯林、沙特阿拉伯人或瓦哈比教派人士进行足以与日裔美国人监禁事件相比的大规模搜捕行动。美国人有共识，尽管联邦最高法院的判决允许搜捕，这种行为仍是错的。对穆斯林、沙特阿拉伯人或瓦哈比教派做出类似搜捕的行动，便是侵害他们的权利。在美国，不因种族、宗教或族裔而受监禁已是公认的权利。这个权利不是源自于实定法或自然法——实定法或自然法不可能在一个世代的时间内就出现根本的改变——而是来自日裔美国人遭受监禁恶行的经验。[16] 因此，在相对短暂的时间内，一个剧变——日本攻击珍珠港——造成权利

---

* 举例来说，联合国在第二次世界大战结束后随即成立，几年后，《世界人权宣言》也草拟完成。由于第一次世界大战期间出现芥子毒气的使用及其他新恶行，因此重要的新权利也在战后一一创设。

的剧烈限缩。然后另一件恐怖的恶行——紧跟而来的大规模监禁——产生了不因种族或族裔而受监禁的权利,即便是在国家紧急期间。

权利化过程总是不断在变动。它的步调将随着人类为恶的能力而变。它是一段永无止境的历程,罕能产生静态的完美永恒权利。我们必须致力从事的,不是使权利臻于完美,而是不断地提出实用的权利,使之跟上人类创造新一轮恐怖恶行的能力。

第二篇

对权利源于经验的质疑

第九章

总有正确答案吗?

如果权利是经验的与可变的,而非自然的与不可剥夺的,当权利彼此冲突时会发生什么事?对于相信自然法无误且绝对的人来说,在以道德或权利为基础的论证里,争执的双方绝对不可能都是对的。* 但在真实生活中,生命权与选择权的确同时存在,正如生命权与自我防卫权可以同时存在。为什么人们会认为权利与权利之间不会陷入难解的冲突呢?[1]在多元民主中,权利冲突可能需要通过一个众所同意的过程来得出可行的解决方案。

一则智慧的东欧拉比法官的故事正可说明这个事实。有个拉比负责审理一对已经分居的夫妻的争端。妻子认为她的丈夫侵害了她的婚姻权,因为他跟别的女人上床,还拒绝给付她生活所需的金钱。拉比听了之后说道:"这位女士,你说的对。"之后拉比又聆听丈夫的说词,丈夫

---

* 德沃金认为"复杂的法律与政治道德问题通常只有一个正确答案"。参见 *Taking Rights Seriously* (Cambridge, Mass.: Harvard University Press, 1977), p. 279。但是许多这类问题确实拥有多种正确与错误的答案。

说他的妻子侵害了他的婚姻权,因为她拒绝与他同床,也拒绝为他做饭。拉比听了之后说道:"这位先生,你说的对。"拉比的学生插话说:"但是,拉比,他们不可能两人都对。"——拉比回答说:"你说的也对。"丈夫与妻子可以同时都对——也可以同时都错。生命要比语言复杂与微妙得多。每一种处境都存在着多种"权利",而这些权利有时会彼此冲突。

在《卡拉马佐夫兄弟》中,陀思妥耶夫斯基提出一个无法找到单一正确解答的精彩道德两难。米哈伊尔是个已婚、育有子女且受人尊敬的小镇官员,他向佐西马坦承,自己十四年前因出于嫉妒而杀害了一名女子。涉嫌的农夫还没来得及接受审判就一命呜呼。没有人能从米哈伊尔迟来的告解中得到实际好处。但若他告解,他在杀人后才迎娶的无辜妻子并有了年幼的子女,却会因此受到极大的伤害:"我的妻子可能悲伤而死";"我的子女,即便他们没有被剥夺身份财产,但成为罪犯的子女,他们将永世不得翻身";"我留给他们的,竟是这种记忆"。米哈伊尔与佐西马各自引用冲突的圣经与哲学看法来决定应该告解还是保持沉默。

如果康德能够参与这场辩论,他一定会主张,无论结果如何,真理才是最重要的。边沁会说,自私的告解——之所以说"自私",是因为根据陀思妥耶夫斯基的说法,告解能让米哈伊尔的良知得到救赎,但他的家庭却成了牺牲品——反而会造成更大的不幸。可以想见,在这场辩论中,不同的哲学家会援引不同的原则:有些人会认为,结果论的思维将在其他状况下造成极大的罪恶(例如为了避免无辜的家人因负担家计者被捕而陷入愁苦之中,杀害"没有价值"的目击者);另一些人则会认为,对米哈伊尔来说,默默受苦或选择自杀,都是比让家人蒙羞而让自己上天堂更加高尚而道德的行为。问题不在于哪一种解决方式较好。而在于其中是否只有一个解决方式是正确的,若果真如此,权威来源是什么,我们又该如何面对强大且有说服力的反面论点?我相信,在这类复杂的道德难题上,有理性的人——道德、虔信且善良——都会有不同的意见,而且他们也应该如此,除此之外,我们也不该假定只要我们能接触正确来源,我们就能找到一个单一而完美的答案。

另一个受到陀思妥耶夫斯基大审判官场景启发的例子,也测试着绝对真理原则。试想我们在造访耶路撒冷城外的库姆兰洞穴时,在当地偶然找到之前从未发现、年代甚至早于耶稣的死海古卷,上头记载着宗教领袖因猖獗的不信神、不守法与暴力等问题所召开的会议。这群领袖想出一个法子,就是在一座名唤西奈的山上搬演一次"启示",让上帝"赋予"人类两块刻着十诫的石板。他们讨论十诫的内容,在几经折冲后,我们现在所知的版本于焉诞生。这份古卷上还记载着许多该如何搬演启示的细节,好说服一般民众相信其真实性。另一份年代稍晚但同样也是新发现的古卷,则提到他们将会宣称某人为上帝之子,搬演将他钉上十字架并让他复活的场景。会议中有人提到,上帝之子该依循希腊神话惯例由处女所生,并在钉上十字架后奇迹似地复活。髑髅地被选定为最终奇迹发生的地点。同时,我们还发现其他的古卷,上头同样记载了类似的奇迹搬演,里头涉及的人物则是穆罕默德及史密斯。

我想象这些场景,并非出于不敬,只是用来测试原则。假设你是古卷的发现者,也是虔信者,同时也相信真理。你相信宗教组织——尤其是犹太—基督教信仰——极有价值,也认为宗教组织是亿万人(其中包括你的父母与祖父母)生命的重心,然而他们的信仰将因你的发现而遭到动摇。你深信古卷的真实性,也深信福音书或其他圣书所记载的事件全然出于善意者的虚构——他们是"虔诚的骗子",一点都不假。你会揭露你的发现吗?还是保持沉默?抑或摧毁古卷?

只要宗教领袖——在宣讲信仰上帝的重要性之前——对上帝忽然产生一丝的怀疑,上述这种狂想没那么夸张的版本就会上演。在犹太人大屠杀期间,想必有许多拉比、神父与牧师对上帝产生过疑问。真实是否会使他们取消布道,使他们受到启示产生新的信仰,使他们改变布道的话语,或是使他们一如往常地布道,只不过同时还暗自求神保佑?

这些问题令人望而却步——当然还有许多其他类似的问题——只用一个单一的正确答案来回应这些问题,等于侮辱了人类心灵与经验的复杂性与多样性。伟大文学的卓越之处,在于它永远不会以一个单一的正确答案,来面对复杂且往往多义的人类两难。文学中的人物角色通过他们的内在对话与外在冲突,反映出人类经验与情感的多样性。一个伟大的道德哲学家必须具备诗人的洞察力。

即便是最基本的假设处境——以简单的单一面向仔细打造而成——也无法以单一答案回答。著名的"电车难题"就是设计来显示没有所谓的正确答案:你是个电车驾驶员,而你发现煞车失灵。你看到前面铁轨刚好有个分岔处。如果你右转,电车将撞到一群小孩;如果你左转,电车将撞到一名老醉汉;如果你不选择,随机的力量将会代你选择。"电车难题"还有另一种使事情更加复杂的变化,就是铁轨直接通往孩童,但你可以选择转弯撞向醉汉。在这种变化下,如果你什么都不做,儿童将会死亡。你必须主动选择杀死醉汉。我们可以在这个"悲剧选择"的两难中想象出无数变化。[2]每一种变化场景有着多重的"正确"与"错误"答案。

议题——不管是道德性、合法性还是实践性的议题——之所以困难,在于要设想出一个可接受的程序,来解决多元民主在致力于平衡多数人偏好与少数人权利时所产生的冲突。要绝对而完全地解决这些冲突是不可能的。[3]这些冲突反映出随时间与文化而不断变动的深刻道德关怀、直觉、历史经验与世界观。直到两个世纪之前——历史时间线上一个短暂的片刻——善意而端正的人们都还真诚地从心底里相信白人与黑人、男人与女人、基督徒与"异教徒"、异性恋与同性恋以及其他二元对立物在道德上并不平等。谁知道我们目前的道德信仰有哪些——例如人类生命与动物生命价值的区分——会在数代之后被我们的子嗣视为不可接受？

为了解决民主制度中拥有不同历史、经验、看法、价值阶序与世界观的人们所产生的冲突，法律、道德乃至于真理必须不断变迁。想要从这样分歧的背景中找出一个"正确"或"真正"的道德答案，等于是在贬低人类的多样性。当我们通过民主过程让多样化社会固有的、不可避免的差异——甚至包括权利的冲突——能彼此妥协、和解乃至于共存时，我们也开始尊重彼此的异质性。

美国是建构冲突和解过程的巨型实验室，这一点不令人惊讶，因为美国的人口组成是世界史上最具多样性的。美国起初是由移民与异议分子组成的社群，此时的族裔背景相对较为狭窄。到了19世纪末，族裔背景已经变得相当多样。然而，不同于其他在道德、法律与权利内容上拥有较单一之传统的国家[4]，美国发展出用来解决实质差异的程序共识。美国的制衡体系经常造成僵局，也只能允许渐进式的改变，不过，这个体系却能调和差异。妥协是美国经验的核心，即便是在一些难以妥协的领域亦然，例如家庭冲突与宗教。[5]

一项联邦最高法院最近的判例，正可显示我们倾向于以过程与程序来解决难解的冲突。[6] 在这个判例中，相互冲突的权利是父母对子女的权利与祖父母对孙子女的权利。一位名叫汤米的女子与一位名叫布莱德的男子生有两名子女。他们并未结婚，最后决定分居。布莱德搬回去与自己的父母同住，每个周末会带子女回家一次。两年后布莱德过世,而汤米嫁给了凯利,并且由凯利收养汤米的两名子女。祖父母希望能定期(一个月有两次周末的时间,暑假时则有两个星期的时间)与小孩见面,但小孩的父母希望他们见面的时间少一点(一个月一天)。华盛顿州州法授权法院在作出探视权判决时,必须以子女的"最佳利益"为依归,不必考虑父母的意愿。下级法院法官据此批准了祖父母扩大探视权的请求,并引用自己的家庭经验为例:"我回想个人的经验……我们总是每星期轮流与祖父母及外祖父母住在一起,就我们的家庭来说,这是一种可行的、快乐的经验。或许系争案件中的家庭也能如此。"

华盛顿最高法院废弃这项判决,并且攻击这项法律"违反宪法保障的父母抚养子女的基本权利"。

因此联邦最高法院受理上诉,准备审理这桩权利冲突案件:父母(母亲具血缘关系,父亲则具收养关系)的权利与祖父母(具血缘关系,其间的联系是已经去世且具血缘关系的父亲)的权利之间的对抗。

宪法中没有任何文字、建议或隐喻可决定这项冲突该如何解决,甚至连相关资讯都无法提供。而在这方面也无任何具拘束力的宪法判例或历史。上级法院当然已经提及"亲权"与国家、学校及其他制度的关系,但却未提及父母的"亲权"与祖父母主张的亲权或家庭权之间的关系。有理性的人可以并且应该——就政策层面而论——有不同的正确答案。华盛顿州立法机构从各方面思考该项争议之后,与其他47个州一样,倾向于限制祖父母的亲权。这个做法应该可以解决这个宪法问题。由于宪法并未禁止特定的解决方式,因此当州立法机构合理得出解决方案时,联邦最高法院无权批评州的做法。唯有顽固的司法能动主义者——例如相信应以自己个人的道德哲学取代民选立法者的道德哲学的法官——才会想打倒华盛顿州州法或其他各州州法的反对结论:祖父母不可无视父母的反对而探视孙子女。联邦最高法院大法官布兰代斯(Louis Brandeis)是司法限制主义(judicial restraint)的典范,他认为各州应具有相当的弹性才能充当社会的"实验室"。各州可自行对宪法未能规范的重大且具争议性的道德与心理议题得出不同结论,但前提是它们所运用的方式必须合理。华盛顿州州法是否符合这个判准?这便是法官所必须处理的问题。

联邦最高法院从经验的角度进行分析:

> 过去一个世纪人口统计数字的变化使人难以估算美国家庭的平均人口数。每家每户的家庭人口组成相当歧异。许多孩子的父母正式举行过结婚典礼,祖父母也会定期探视他们,另外也有不少孩子是在单亲家庭中长大。1996年,在所有18岁以下的孩子中,有28%来自单亲家庭……可以理解,在这些单亲家庭中,核心家庭以外的成员经常会前来帮忙照顾孩子,特别是祖父母。举例来说,1998年约有400万个孩子——约占总数的5.6%——与祖父母同住。
>
> 针对非父母探视权所进行的全国性立法,就某部分来看是因为各州承认美国家庭正在变迁的现实。在许多家庭中,祖父母与其他亲戚担负起父母的职责,各州因此试图借由保护儿童与第三方的关系来确保儿童的福利。

尽管经验的基础容许各州法院作出允许祖父母拥有探视权的裁决,但联邦最高法院仍以这项权利过于广泛而缺乏限制为由,以多数否决了华盛顿州州法。最高法院也引用经验来挑战理想的抚养概念:

在理想世界中,父母或许总想增进祖父母与孙子女之间的纽带关系。然而我们身处的世界并不完美,因此特定案件中的跨世代关系是否有利,必须先由父母决定。系争案件中,如果父母的决定已进入司法审查,法院必须先认定父母的决定具有优势。

由于华盛顿州州法并未充分尊重身为监护人的父母的意愿,而且还授权"任何人"——不只是祖父母——都能提出探视的请求,因此这项法令明显违宪。最高法院借由宣告违宪来规避父母与祖父母的权利主张所产生的直接道德冲突,从而就技术性的法律争议层面来对该案做出判决,并且对专为祖父母探视权——其权利地位凌驾于父母的意愿之上——量身定作的法律是否值得赞同避而不谈。

大法官斯卡利亚针对该案写了一份相当有趣的意见书,他个人相信唯有父母才拥有抚养孩子的神授自然权利。

> 依我之见,父母抚养子女的权利,属于《独立宣言》所声明的"造物主赋予……所有人的不可剥夺权利"。

但斯卡利亚也相信,

> 《独立宣言》并不是将权力授予法院的法律命令……因此,虽然我认为,不管是在立法机构还是在选战当中,鼓吹国家无权干预父母抚养子女的权威,这样的做法与立国文件对代议民主制的支持态度并无扞格,但我并不认为宪法赋予身为法官的我的权力,使得我可以否认某些法律的效力,尽管

(依我来看)它们已经侵害人民(不可剥夺)的未列举权利。

我们可以反对斯卡利亚大法官的个人信念,后者认为父母拥有神圣不可剥夺的权利来反对祖父母探视孙子女,即使这样的探视符合孙子女的最佳利益。当然,我还想知道这种权利究竟来自何处,以及为什么祖父母没有能与父母的权利相抗衡的探视权。然而要动摇斯卡利亚的法律结论并不容易,他认为就算宪法未赋予父母专属权利,国家仍保有维持适当平衡的权力,但前提是国家须以合理的方式进行立法。

小时候我曾问过父亲,为什么犹太人用来装饰门柱的经文楣铭总是斜放。我父亲向拉比请教,拉比解释:"有两派说法:一派相信经文楣铭应该平放,另一派则认为应该直放。两派都相信自己是对的,谁也不服谁。最后,他们捐弃成见,决定将楣铭放在水平与垂直之间的位置,也就是斜放。"对家庭来说,这是多么美好的象征,它表示妥协是必要的。它也象征美国如何尽可能妥协及避免与其他国家发生宗教与政治争论。

我们不应该致力追求一致而单一的绝对正确道德、真理或正义。*主动而永不停止的道德化、真理搜索与正义寻求过程,要比被动地接受单一真理好得多。权利化的过程就跟真理化的过程一样,是不断持续的。事实上,接受——并且遵循——单一道德哲学本身即隐含着某些危险。彼此冲突的道德可以用来钳制单一真理的暴政。我不愿生活在由边沁或密尔的功利主义统治而排除所有康德与新康德主义取向的世界里,也不愿生活在全然康德式而必须永远如奴隶般顺从定言令式

---

* 我说的不是科学真理,科学真理很有可能是单一而一致的(虽然总是受到挑战与重构),我说的是道德真理,而道德真理几乎不可能是客观的。

(categorical imperative)的世界中。边沁可以钳制康德,反之亦然,正如宗教可以钳制科学,社会主义可以钳制资本主义,反之亦然。* 权利可以钳制民主,而民主可以钳制权利。

观念市场就如美国宪法的制衡体系。我们曾经经历过单一真理所带来的灾难,不管是宗教、政治、意识形态还是经济上的单一真理。相信自己发现终极真理的人,往往会对异议者采取较不宽容的态度。如霍布斯所言:"除了真理,没有任何事值得重视",因此"唯有主权者才能担任真理的裁判者"。说得浅白一点,当你拥有唯一真实的观点时,谁还需要不同的——虚假的——观点呢?经验证明,我们所有人都需要!借由强调基本的"怀疑自由"——这份自由是从"早期科学对权威的斗争"中诞生的——物理学家费曼证明了他比哲学家霍布斯更能了解人类经验的教训与人类知识的局限。而这场斗争仍在持续当中。

---

* 20世纪20年代的优生学运动阐释了这种现象。宗教可以用来钳制某些人类优生学支持者(例如霍姆斯)的过度热忱。之后,纳粹对优生学的误用提供了反对优生学的经验基础。

第十章

如果权利不是来自造物主或自然，我们该如何区别权利与单纯的偏好？

如果权利不是来自"自然法与上帝的律法"，如果权利并非不言自明，是什么赋予了个人的某些偏好特殊的"权利"地位？当然答案不可能只基于个人的强烈感受，因为这将使权利概念完全陷入主观并丧失所有意义。

我在第一章曾一般性地将权利定义为某种比多数人偏好更为持久、确定、具有历史根源与制度性的东西。在本章中，我试着提出更为肯定的以经验为基础的判准，以区别权利与偏好。

对法律实证主义者来说，作出区别相当容易。凡是已在法律上确立为权利的偏好，就拥有权利的地位。但是这种化约主义式的说法，并不能告诉我们哪一种偏好**应该**加以明文规定。对于神圣自然法的支持者来说，答案会更复杂一点：权利之所以是权利，是上帝决定的。然而要辨识上帝的意图可能会出现问题。对圣经基要主义者来说，上帝的意图显露在圣经的各个篇章当中。就这一点来看，这些基要主义者与法律实证主义者相当接近——至少就结构上来说——前者寻求圣经经文,后者寻求世俗的法律条文。

世俗自然法支持者在区别权利与强烈偏好上担负着更沉重的负担。他们必须从人性与理性的结合中推导出权利。或者他们必须利用第一原则——例如平等、公平或自由——的原料来建构权利。从这一点来看,他们与一些非基要主义的自然法与自然权利的宗教支持者并没有太大的不同,因为他们所根据的来源都一样虚无缥缈而主观。

当代天主教思想家既反对圣经基要主义又反对法律实证主义,他们也针对自然法与自然权利的论辩提出卓越的见解,虽然这些见解无法永远全然令人满意。[1]如同犹太教及穆斯林非基要主义者,他们也设计出一套制度性程序来诠释圣经经文。这些程序——或称"教会内的圣经诠释"(reading the Bible within the church),或称"犹太法"(Halakah,意为道路),或称"沙里亚法"(Shari'ah,意为广阔的路径)——类似世俗普通法,有着权威的诠释者。这些宗教诠释者选择称之为权利(或义务、道德真理)的偏好,最终往往反映出某种结果导向的思维,而这些思维一般来说总是有利于某些预定的教义或政治立场。举例来说,几乎所有宗教的神圣经典都会支持反对死刑、堕胎、同性恋权利、先制战争乃至于恐怖主义的观点——而它们也确实已被如此诠释。[2]

律师与法学家,特别是优秀的律师与法学家,都是结果导向思考的专家。他们改变问题的分析层次,以此来得出他们想要的答案。就像优秀的棋手,聪明的律师总是预先想好接下来要走的棋步。如果抽象而以权利为基础的康德式分析最终能导向律师所想要的结论,他将会以适合此类分析的方式来表述问题。如果功利主义色彩较重的分析可以得出律师所想要的结论,他将会以适合此类分析的方式来表述问题,接着或者援用行为功利主义,或者援用规则功利主义[3],端视哪种方法较能得出他想要的结果。哲学成为政治的掩护,其历史可上溯自苏格拉底与柏拉图。而上帝作为恶行辩护者的历史也早于摩西五经(Torah)。

提出彼此冲突乃至于互不相容的权利理论有个实际的好处。彼此冲突的理论可以对彼此产生钳制的效果,并且可以防止任何一种理论往危险的逻辑极端倾斜。经验显示单一哲学——即坚称唯有自己才能反映"真理"、而其他全是"虚假"的哲学——往往造成重大的恶行,特别是当单一哲学获得镇压"虚假"观念的权力时。费曼曾经指出:

> 我们正处于人类史上的初始阶段。我们秉持理性,努力去解决问题。只是往后还有数万年的时间,因此我们的责任便是尽力去做、去学习、去改善解决之道,并将成果传承下去。我们有责任不留下包袱给后代子孙。而处于人类史上躁进急切的青壮时期,我们有可能犯下大错而阻碍人类长期的发展。如果年轻且无知的我们自认已找到了答案,我们便犯下了大错。如果我们压制所有的讨论与批评,并且宣称:"我的朋友,这就是答案;人类得救了!"我们就会使人类长久处于权威的枷锁之下,让人类受限于我们今日的想象。这样的错误,过去的人类已不知犯过多少次。
>
> 身为科学家,我们必须知道巨大的进步来自人类对自己的无知有足够的认识,必须知道巨大的进步乃是思想自由的果实。科学家有责任宣扬思想自由的价值;教导人们毋须惧怕怀疑,反而应该欢迎并讨论怀疑;将追求思想自由当成自己的职责,让后代子孙都能享有思想自由。[4]

我试着将自己对民主制度权利来源的研究取向视为在观念市场中彼此竞争的一个真理。如果恶行经验是我们的权利来源,权利便可用来限制政府权力,历史已经证明唯有权利才能防止(或减缓)政府在无此限制下授权恶行一再发生。以这种方式定义出来的权利,会随着时移世易而扩大、限缩与变动,但其变动的程度要比单纯的偏好来得缓慢而审慎。权利必须以不断变迁的经验为根据而持续地加以辩护与解释。

就这一点来说,强烈偏好与权利之间的差异并非绝对或理所当然。两者之间的差异其实比较是程度上的问题,取决于不断变迁的历史恶行经验。在本书中,我试图为自己的强烈偏好——以基本权为基础而建立的社会——辩护。而我唯一能做的,就是为我对**权利**的*偏好*辩护。我认为,基于我们的历史经验,我们会希望生活在政府权力受限的社会里,这些需要受到限制的政府权力,甚至包括对强烈攻击性言论的检查,也包含对宗教的限制或提倡。我也认为,我们会希望生活在公民未经"正当法律程序"不会遭到监禁、处决、驱逐或剥夺基本自由的社会里。最后,我认为我们会希望生活在所有人都被视为平等并受到政府平等对待的社会里。

承认与行使基本权利——包括不受检查的表达自由、良心自由、正当法律程序、民主制度与法律平等保护——的社会,要比完全不重视权利的社会更受人喜爱。我之所以为权利发声的理由在此。这是如果我可以的话,我会离开任何无法保障人民的一般与特定权利的社会的原因,因为我相信,远离压迫的国度移居异乡乃是人类最基本的权利之一。[5] 如果我无法离开,我将会为这些基本权利而战,甚至不惜牺牲生命。然而,除了尽力说服人们,历史已经显示这些权利的重要性足以在偏好阶序上占有特别的地位,我别无其他主张这些权利的方法。权利与强烈偏好之间并不存在自然或神圣的区隔界线。权利是对国家权力的基本限制,不管是统治者或是被治者都应基于人类经验加以遵守。权利的权威可以是明确的,如成文宪法,也可以是不明确的,如经过一段时间发展出来的不成文共识。

如果权利不具有凌驾社会或政治共识的权威,权利如何有别于偏好?这个问题极富意义,却很少有人坦白回应。我将借由恶行的历史来回答这个问题。

我同意德沃金与其他法学家的说法,个人权利是用来对抗国家权力的王牌,但我们不能只是发现或辨识出这些王牌,还应该不断提倡它们。我的权利取向具有比较浓厚的运动色彩。它要求我们不断地进行评估与投入。它不会自信满满地认定他人会毫不迟疑地承认它的前提与结论是永恒不变的逻辑真理。

德沃金与我的取向之间的主要概念差异,在于他的方法论大体上是演绎的:德沃金以自由主义、平等主义与民主国家为前提来进行逻辑推论,并且想当然地从这些前提演绎出政府必须以同等的关切与尊重来对待每个公民的结论。我的方法论大体上是归纳的:我观察各个时空的人群与国家的经验——特别是不义的经验——并且试图说服他人相信,基于这些经验,人们应该能认定将某些权利确立在实定法中,就长期而言将能产生较正义的社会。* 这些权利的内容不可避免将随着时间以及我们对新恶行的经验而变。我确信,某些基本权利将会永续下去,如良心、表达与宗教自由。其他今日看来似乎相当重要的基本权利,未来或许将证明不足以成为对抗多数人偏好的王牌,至于另外一些

---

* 德沃金与我之间的区别并不如表面上看起来那样泾渭分明。德沃金在排定权利阶序时,也会参考"社会常识"的看法。Ronald Dworkin, *Taking Rights Seriously* (Cambridge, Mass.: Harvard University Press, 1977), p. 277.

第十章 如果权利不是来自造物主或自然,我们该如何区别权利与单纯的偏好?

现在仍未承认为权利的,可能会随着经验的变化而获得权利地位。这也与科学的进展若合符节。某些基本原理也许不因时光流转而变,如牛顿的运动定律,但其他今日接受的科学"真理"将因经验而遭到反对与修正。

我反对德沃金的如下主张,即少数人的权利"即便不利于一般利益"——经过长时间逐渐形成与扩展的利益——仍应凌驾于多数人意志之上。因为除非某些权利的确立能让作为整体的社群"长期而言变得更好"[6],否则我们无法说服人们接受它们,我们对权利的提倡也将因此失败——而这是民主制度应有的现象。我的取向要求权利提倡者提出各种论点——自利、做正确的事、不自相矛盾、信守自己曾经表明的价值——说服民众相信,一个能确立并主张某些基本权利的体系,要比不能做到这一点的体系来得优越。我们在这方面的努力经常效果不彰,因为在短视近利的世界里,要宣扬权利的长期利益并不那么容易。然而,对于一个要在渴望排除反多数障碍——这种障碍不可避免不利于多数人意志的遂行——的世界中持续提倡麻烦权利的取向而言,这反而是个支持它而非反对它的论证。

追根究底,德沃金的非实定法权利来源,在于他精彩论证下的严密逻辑。德沃金似乎认为他能说服世人相信自由主义、平等主义与民主国家的逻辑所需要的,是处于法律之外并超越——凌驾——国家权力的权利体系。德沃金的权利来源所要求的,是人们对他的耀眼逻辑(或者说是某种隐藏性的形而上学真理)的接纳,而非对经验所阐释的权利(受到广泛界定的)效用的信服。德沃金成功说服我与其他人相信他的诸多推论与结论为真。但那些他未能说服的人呢?这些人难道都是错的?正确答案是否只有一个?而这个答案难道一定得是德沃金的?如果事实真是如此,我反而落得轻松,然而我必须承认,其他不要求人们完全接受德沃金的严谨逻辑的合理观点确实存在。法律就跟道德一样,其生命终究来自于经验而非逻辑——更非德沃金强大且具说服力的逻辑。不同于逻辑,经验不会一口咬定真理只有一个。逻辑的好处——也可说是限制——在于它能正确无误地指出单一方向(如果它原初的前提被接受的话)。经验的坏处——也可说是丰富之处——在于拥有不同背景、价值体系与智能类型的人会对它产生不同的看法。[7]经验的确随着观看者的角度而变。

　　这就是为什么经验取向要比德沃金的取向较具民主气息而较不具精英气息的缘故:经验取向有赖于权利的持续提倡,并且认为公民对自己的不同观点的坚持会是理性与道德的;相反,德沃金则主张逻辑只能导出理性而自然的单一结论,不受特定个人经验、价值与智能的影响。德沃金仰赖抽象且多半具技术性的哲学分析,因为他要说服的是学术导向的人士,至于经验取向则仰赖人类经验中的常识,以及对于自己与他人该做些什么才能让社会更好地评估。

　　我常希望世上真有自然权利能被援引为外在王牌,或权利与偏好间确实存在自然与永恒的界线。如果能援引造物主、自然、理性、定言令式、假想的社会契约、具启发性的原初境况,或是某种不变的德沃金式逻辑,来支持对承认言论自由的法律体系的偏好,事情就会简单得多。然而这么做将违背我的信念体系或经验。边沁曾讥讽说,当人们"想遂行己意却又不想说明缘由时",便会援引自然权利。[8]我则要补上一句,"而且不想说服多数人时"。援引上帝或自然等于堵塞了论证的空间。"因为上帝这么说""因为自然的命令"——一旦打出这几张王牌,论证就结束了。然而,我还是必须为权利论争。我所能做的,乃是立基于各国接受或拒绝这种具有风险且麻烦的治理取向的比较经验,继续提倡言论自由。权利源自人类处于无基本权利的社会的不义经验。简言之，权利的来源是恶行。

　　就某方面来说，"权利来自何处？"这个问题本身便预设了错误的结论。询问权利来源，等于预设此类来源确实存在。这种假定还隐含了另外一重意义：任何权利（或以权利为基础的体系）的来源，都外在于人类建构的法律体系结构。根据我的取向，权利"来源"在于人类经验，尤其是我们的不义经验。然而，将我们的不义历史刻划成权利"来源"似乎有点不精确。**来源**一词一般有着略为不同的含义。生物学的类比或许有助于澄清我对**来源**一词的用法。我们或许可以说，感染是抗体的来源。就某意义上来说，这种说法有其真实性，但它是个不完整的解释。同样地，认为政教合一所导致的不义历史是宗教自由的来源，也是不甚精确的说法。不义的经验可以**刺激**权利，但真正的**来源**是人类从经验中学习以及在法律与意识中确立权利的能力。我在本书里便是以这种复合的意义——经验的刺激加上人类的反应——来使用**来源**一词。这也衍生出另一个问题：我的权利理论究竟是比较属于社会学或人类学理论（即描述性理论），还是比较属于哲学理论（即规范性理论）？

第十一章

经验取向是否会混淆哲学与社会学?

权利**哲学**与权利**人类学**或权利**社会学**之间当然存在差异,只不过这个差异不如自然法提倡者所说的那么截然不同。前者本质上是道德探索,后者则是经验探求。人们可以说本书采取的权利取向是经验的、人为培养的,比较倾向于社会学而非哲学。然而这种说法误解了我的意图。

我不只追求描述性的权利取向,也坚定相信权利必须具有道德内容。虽然我反对权利直接来自自然的观念,却也反对权利完全来自培育而无道德参与其中的观点。经验主义为道德提供必要的信息,却不能界定道德。在权利的道德内容上,自然与教化都握有一票,但它们都没有否决权。即便是最严峻的法律实证主义者也承认法定权利与道德之间有着密切的历史关联:如哈特就认为,"法律体系的发展受到道德意见的深远影响,而……道德标准则受到法律的强力左右,因此许多法律规则的内容反映出道德规则或原理"。[1]甚至连"坏人"法律理论的创始者霍姆斯*,也认为"法律是我们道德生活的明证,如同露出地表的矿床"。[2]

与自然或科学知识相左的权利是无法持续的,例如在拥挤的剧院中抽烟的权利。破坏民族经验的权利亦然,例如战后日本组成军队的权利,或是战后德国告诉人民犹太人大屠杀不曾发生的权利。自然本身并不会自动转译成权利,同样的道理,光凭经验不能也不应决定权利的内容。权利是在各种因素繁复互动下产生的。

要评价权利是否有效达到它所宣称的目标,必须通过经验与经验主义来判断。要说服民主体制下的公民,使之认同特定权利胜过现今多数人的意志,权利提倡者必须证明世界(或国家,或其他民主实体)将会因为拥有这些权利而变得更好。权利无法自我证成(或"自明"),也无法光靠逻辑证成。权利必须付诸实践,必须达成某种效果,才能胜过多数统治的假定! 评价权利体系的成败——虽非完全如此——一般来说是一项经验性的任务:认同权利所要实现的目的属于(藉助于经验所提供之资讯的)道德层面,但判断这些目的是否经实现——以及需要多少代价——则属于经验层面。对道德—经验取向的提倡者来说,权利的一个主要来源乃是各个时代的人类经验,尤其是不义的经验。

要决定何谓道德——何谓正确——与永恒真理的单纯发现几乎没有什么关联。决定何谓道德是个不断试误、评价、再评价的过程,其基础在于不断变化的经验。道德不是静态的。即便发现了道德,也不该认为它是不受挑战的。只是演绎、发现与宣布道德是不够的,还必须持

---

* "如果你只想了解法律,而不想理解法律以外的事物,你必须把自己当成坏人,因为坏人只在意法律的实质结果,这样的知识能让坏人做出预测,你不能把自己当成好人,好人会在模糊的良知指引下找到行为的理由,而不会去想行动是否受到法律的规限。"Oliver Wendell Holmes Jr. , "The Path of the Law," *Harvard Law Review*, 10 (1897), p. 459.

续维护、反复思量、重新界定并随时准备改变道德。

有些事基于过去的知识来看是正确的,但在今日的新资讯下却显得错误百出。确实,有些事对上一代来说是正确的,但对这一代乃至下一代却可能成为错误。

缺乏经验提供资讯的道德容易变得抽象,无法解决复杂的两难问题。康德各种抽象的令式便是如此,这些令式无法通过各时代人类经验的测试。另一方面,缺乏道德结构的经验只是一段叙事。道德与经验之间必须要有持续不断的互动过程。光凭人类的心灵或上帝的话语,不足以使道德趋于成熟。即便十诫也是从《创世记》中的不义经验产生的。[3] 道德必须经过经验长时间不断的淬炼,然而光凭经验并不足以产生道德内容。实然与应然之间存在着细微而复杂的关系。我们无法完全从人性导出道德标准,却也无法忽视人性在表述与评估道德价值上所扮演的角色。道德体系的建构,既非全然光凭演绎,亦非全然光凭归纳。道德体系的产生,需要抽象的思考与具体的测试,这一点与科学并无不同。对某些人来说,如爱因斯坦,似乎是先有想象,然后再做测试。对其他人来说,如达尔文,观察似乎先于一般理论的建构。* 无论如何,这当中存在的是不断进行想象、观察与确证的互动过程。科学与道德另外一个相同之处,在于对两者而言,结论都必须通过经验事实的测试。

承认道德"应然"与经验"实然"之间存在着互动关系,并不会混淆哲学与社会学、规范与经验,或是演绎与归纳。困难之处在于让应然与实然在建构与评价道德体系的过程中发挥各自适当的角色。

---

* 就连这一点也只是程度上的差异。爱因斯坦理论的出现与发展并非全然来自想象,而达尔文显然在观察之前心里已有一些想法。

自然与道德间的创造性互动,早期的历史事例可见诸圣经,上帝下令建筑几座逃城(cities of refuge)来收容意外杀人者。圣经作者显然相当了解人类固有的报复心理。在圣经最微妙也最创新的篇章中,上帝命令摩西"分出……几座逃城……使**误**杀人的可以逃到那里"。[4]故意杀人者没有进入逃城躲避"报血仇者"的权利,但意外杀人者有权躲入逃城等待报仇者的激情冷静下来。圣经了解,不管是意外杀人还是预谋杀人,复仇者的报复冲动都是一样强烈。对死者家属来说,这两者几乎没什么区别。挚爱的亲人死了,造成亲人死亡的人有罪且理应处死。[5]圣经作者了解人性的这个层面,但也坚持他们对这一点的了解,未必等于可以将之合理化。圣经试图保护那些责任较轻的杀人者,使之免于报血仇者可理解的激情伤害,因此允许他们在指定地点避难一段时间。如果杀人者离开逃城,让报血仇者"遇见他"并将他杀了,"报血仇的就没有流血之罪",因为报仇者因"心中火热"而杀人,其责任轻于冷血杀人者。[6]

纵容报复天性将势必造成一连串的恶行,其中包括为报复而杀害在道德上并无过错的杀人者。[7]但忽视报复天性也不切实际。因此圣经便将意外杀人者与潜在报仇者隔离开来,直到后者冷静下来为止,借此排解报复的冲动。在这里,我们找到了经验与逻辑共同合作的成功范例,以合理解决自然复仇与道德教化之间的古老冲突。

经验主义在建构与评价道德上——特别是在法律脉络下——的适当角色是什么,对此提出最创新也最具影响力的看法的现代思想家,乃是著述于19世纪末20世纪初的法国社会学家涂尔干(Emile Durkheim)。涂尔干观察到经验主义、法律与道德之间的紧密关系。对他而言,法律不仅体现也最能精确反映各个特定社会的道德。涂尔干相信,任何道德——或权利、法律及其他社会制度——的普世性主张都必须以经验加以证明。[8]这种普世性主张是一种描述性主张:亦即某种道德或权利**被**所有、大多数或某些文化所接受。当然,我们也可以提出全然规范性的道德或权利普世性主张:亦即某个普世性道德或权利是唯一公正的方式,凡是不接受这种方式的社会,无论其经验或文化偏好为何,都是不道德的。如果社会学家能证明许多在其他方面都符合道德社会判准的社会都未接受该道德或权利上述这个全然规范性的主张的说服力便会大打折扣。[9]

例如,想象一个遗世独立、资源有限的社会,社会上的每个成员都尊重生命、礼敬长者、公平分配财富并珍视正当程序。但他们有一个规则,当人衰老病弱时,必须把他们送上漂浮的冰山,在充满尊敬与关爱的仪式中,老人与冰山漂洋出海。社会里的所有成员都了解自己最终的命运,并认为这是他们文化的一部分。人类学者证明该文化借由这种方式不仅改善了生活品质,也增加了平均寿命。这个做法是成功的——对他们来说!然而我们认为这种做法是野蛮且不道德的。它几乎违背了我们用来判断道德与权利的所有判准:就让我们不拐弯抹角地说吧——他们处死了无辜的人。当然,这些人并非因为犯下恶行而遭受惩罚,不过,这一点才是最糟糕的——就某方面来说,这跟基于优生学而将某些"不适生存者"予以安乐死一样。我们无法相信他们的做法是公正的,但若因此说他们的做法不公正,这样的责难是否公允?就算公允,在对这个社会的不义严重程度进行**排序**时,我们——无论如何——仍必须考虑其特有的社会风俗。我们必须考量到冰山仪式对他们来说的确有用,不只从**他们的**一般道德标准看是如此,就某种意义来说,甚至连从我们的标准看也是如此,尽管我们一开始会对处死无辜者感到厌恶。**他们**认为这种做法公平且人道,且虽然它违反了我们的某些核心价值,但就他们拥有的选择来看,我们很难基于我们的道德提出具有说服力的论点。

这是冰山仪式与纳粹安乐死计划的不同之处，后者的"成功"在于它符合种族主义意识形态，而非合于众人所接受的道德标准。采行冰山仪式的社会，是一个依照我们的标准来看普遍符合道德的社会，但它用来配置稀少资源的特定方法却违背了我们认为应属普世的标准，因此是不道德的，即便这种方法促进了该社会的整体道德（根据我们的标准来看）。我们如何能以一个单一而普世的道德或权利标准来判断这样一个社会？我们在判断时难道不需要考虑这个共同体的社会学实在吗？

不管是自然法或实定法都无法提出具说服力且放诸四海皆准的标准。想想以下的场景，我们将上述孤立社会的老人故事加以改编后套用到我们自己的社会中，只不过时间发生在未来：全世界人口成长，然而日渐减少的资源却无法维持这么多人口。除非减少人口，否则最脆弱的一群——年幼的、年老的、染病的、贫困的与孱弱的——将会逐渐死去。

各种提议纷纷出笼，其中包括了：
- 以金钱鼓励一胎化。
- 强制限制生育，实施堕胎与结扎手术。
- 停止对 75 岁以上的老人提供医疗保险（及相应的金钱补助）。
- 无论拥有多少财富，只要一到 75 岁便不再提供医疗服务与药物。
- 停止对慢性病患提供医疗保险，如阿兹海默症、心智迟缓、无法治愈的癌症，或严重的心脏疾病。
- 拒绝提供医疗服务与药物给慢性病患。
- 拒绝提供医疗服务与药物给死刑犯。

- 停止对患有重症的婴儿提供医疗保险。
- 拒绝医治患有重症的婴儿。
- 强制限制生命存续，只要活到80岁便处死。
- 将判刑确定的重罪犯或有暴力倾向的重罪累犯处以死刑。
- 每10人随机处死1人，以抽签决定。
- 65岁以上人口，每4人随机处死1人，以抽签决定。
- 允许被随机选入处死名单的人找替死鬼，不是付钱，就是找个爱你的人自愿代替受死，或是通过其他"公平"的方法。
- 顺其自然。

尽管投入了大量的资源与努力，还是找不到解决问题的"好"方法（例如殖民外太空、建造海洋平台，或培育新的粮食品种）。因此只能悲哀地在上述选项之间作出决定。

在这些可怕的选项之间，人们会作出什么决定——或是如何思考该怎样作出决定？罗尔斯的"原初境况"与"无知之幕"无法提供一个正确答案。罗尔斯想象处于下层社会的道德存有，他们不知道自己在此中的实际状况，根据判准对正义作出决定。[10]事实上，一般人就算在作出决定的时刻无法得知自己是年老或年轻、富有或贫穷、健康或生病、黑人或白人，对于何为"正确"的选项，他们的意见仍有可能是分歧的，或许就连什么算得上是"自利"的选项，他们的意见也会分歧。正义的直觉不一定只往单一方向走去。德沃金对人性尊严、平等与公平的重视，并不能让我们得到他不断保证的单一正确解答，因为上述选项没有一项符合德沃金口中的权利，即便是德沃金未提到的权利，这些选项也与之抵触。康德的定言令式或许会导致不作为的结果，传统自然法及其绝大多数衍生说法亦是如此。至于传统法律实证主义只是一套用来立法、判决与执行的结构，它无法为实定规则的实质内容提供指引。[11]

我们可以提出一些在作出任何道德与理性决定时都应具备的考量。它们可能包括以下要件：平等与公平——禁止以某些因素如金钱、种族、宗教或性别来决定或影响谁该活、谁该死以及谁该限制生育；政府不该主动剥夺无辜者的生命；国家不该强制进行堕胎或结扎手术。

如果这些考量——可以被转译成权利——是绝对的，那么唯一合于道德的行动便是不作为。然而不作为将产生最不道德与最不理性的结果：最富有、最强壮、最具掠夺性、最自私与最富心机的人将会存活下来。适用自然法的结果，便是将法律处心积虑防止的自然状态重新复制一遍，而这一点并不令人感到意外。

有些人可能以为自然法能说服道德者为求生存而停止互相残杀。遗憾的是，遵守这种"自然法"的人，往往率先成为不遵守自然法的人的俎上肉。自然法也许能执行道德规则以禁止强者杀害弱者。然而身处必须牺牲某些人来保住另一些人的世界里，自然法该如何执行这样的规则？答案显然是杀死或监禁那些为保住自己或自己所爱的人的性命而杀人的人。这种做法或许可说是一种公正的解决之道，只有犯法的人才会被杀。然而，即使我们无视死刑所引发的道德疑虑，而采取威吓手段也确实发挥了一定的作用，但它却依然不足以减少人口，此时我们该怎么办？手执镰刀的死神不改无情的本色，那些"自然"死亡的人要不是最弱小的一群，就是被随机选出遭停止供应粮食、医药与其他生活必需品的人。要解决我们的问题，有很多不公正的方式——根据种族、宗教、性别或经济理由作出挑选。但完全公正的解决方法根本不存在。

有人可能会认为我举的是无效的例子，因为它造成了紧急状态，而在这种压力下，任何权利体系都不可能完善运作。但"紧急"只是程度上的问题。历史上曾出现许多国家因资源分配不当而导致人民死亡的例子。甚至在犹太人被大屠杀期间,也曾出现与上述选项近似的决定。是否该勒死啼哭的婴孩,以免纳粹发现藏匿的大批犹太人?是否该将通缉犯交给盖世太保,以换取人质的性命?是否该拒绝提供粮食与药品给年幼或年长者,好让最强健的人能活下去?悲剧选择必须由道德者来决定,而他们面对的选项却没有一样合于道德。有些人选择不道德,有些人选择妥协,另外还有一些人选择不作为或死亡。我们能以单一的道德标准来评判他们吗?

霍姆斯曾经提到,"每个社会都建立在人的死亡上"——政府的职能,正在于造成死亡或减少部分生育来确保其他人的生活。[12] 马尔萨斯(Thomas Malthus)也曾在更具经验性的脉络中提出相关看法。重点在于人类的生活太复杂、太脆弱、太不可预测、太容易受到紧急状态的影响,光靠一套简单的道德规则提供单一的正确答案是不够的。很多时候我们所能做的,只是避免作出绝对错误的选择。这绝非小事一桩。在犹太人大屠杀期间,几乎没有人抱持符合亚里士多德"最可欲的生活方式"的乌托邦观点来评断自己或他人的行为,但许多人却极力避免做出跟迫害者相同的行径。

对于信仰绝对道德——定言令式——的人来说,并没有所谓利益衡量或仅是避免犯下绝对错误这档事。一定要有正确答案,否则我们就会沦入道德相对主义。陀思妥耶夫斯基让伊凡·卡拉马佐夫用终极的相对主义来测试他的弟弟阿廖沙:"想象你正在建造一座人类命运的建筑物,目的是为了让人类最终能获得幸福与安宁,但你必须将一个渺小的生物——例如那边那个捶胸大哭的婴孩——拷打至死,并将这座建筑物建筑在这个渺小生物无法复仇的泪水上,如此,你还愿意担任建筑师吗?告诉我实话。"阿廖沙毫不犹豫地回答:"不,我不愿意。"

边沁也毫不犹豫:他认为拷打与杀害那名幼童是正确的——正如

第十一章　经验取向是否会混淆哲学与社会学?

他所认为的,如果这么做能促进最多数人的最大幸福,拷打就是合理的。[13]然而,我们当中的绝大多数人却不仅会犹豫,甚至可能只有在真正面临这个恐怖的邪恶选择的那一刻——例如在面对一个拒绝供出同伙攻击目标的落网恐怖分子时——才会知道自己到底该怎么做。

"毫不掩饰自己的道德主义"的涂尔干认为,哲学与道德"需要……社会学",因为"哲学对道德(包括法律)事务的思考,必须建立在道德事实的比较研究上"。[14]涂尔干反对传统自然法,因为他有意规避上帝(虽然这位拉比家庭的子弟广泛地研究宗教,也承认宗教的重要),并相信人性会因为回应文化与教化而不断变迁。[15]涂尔干也反对传统法律实证主义。他认为法律与宗教一样体现了社会道德。事实上,涂尔干认为法律与宗教的社会"功能"有着惊人的相似之处:"它们是责任与承诺的汇聚之所。它们将义务加诸那些臣服并接受它们权威的人。"[16]

不过,不管是在道德上还是在经验上,涂尔干的下列主张都是完全错误的:"如果法律脱离宗教,法律便毫无意义,因为宗教赋予了法律首要的特殊印记,在某种意义上,法律只不过是宗教的衍生物。"[17]如果涂尔干指的是传统的组织化宗教,他的描述或许是对的,许多法律的来源的确是宗教[18],但就当代法律来看则绝非如此,特别是在欧洲地区,许多人尊崇法律却反对宗教。如果涂尔干指的是"某种每个社会所不可或缺的共有信仰与情感依靠中心",涂尔干不过是在同义反复:除非法律体系反映人们共有的信仰,否则人们不会相信它。

无论法律是否该建立在宗教(不管怎么定义)基础之上以获取意义或说服力,可以确定的是,涂尔干摸索出一条重要的洞见:成功的法律体系不该只是通过惩罚的威胁来强制人民顺从,而应该努力说服人民相信,守法乃是正确而公正的事,因此人人都该守法。为了让道德内化机制能顺利运作,法律必须被视为是公正的,而为了产生这种感受,根据涂尔干的说法，法律实际上也必须是公正的，而法律公正与否，则是根据特定社会的需要来加以评价的。

涂尔干试图打破哲学与经验主义、道德与实用主义、宗教与法律、应然与实然之间的高墙。他当然了解社会学——他协助创设的学科——的主要角色在于描述现存社会，而规范性学科的主要角色则在于指出对错之别，道德哲学尤其如此。* 但涂尔干问道："若哲学家完全不了解社会详情，他们凭什么思辨社会？"涂尔干猛烈抨击象牙塔哲学家，并要求"道德议题的提出与解决，必须以系统性的经验研究为前提，因为我们无法合理相信思想家个人的渴望会是……道德实在（moral reality）的适当表达"。[19]

我认为，涂尔干有点过度强调道德的经验成分而低估其中蕴含的思辨性。道德哲学家应该受到鼓励，自由地去思辨生命的**应然**，不受既定社会**实然**的限制，不过，这些思辨必须通过人类实在经验的检验。涂尔干"道德实在"的概念试图化解规范（道德）与经验（实在）间的鸿沟，但这种接受既有现实而不寻求其他可能的特点却也造成危险。（这让我们回想起蒲柏"凡存在必正当"的谬误，以及萧伯纳的回应，"我梦到从未存在的事物，而我说：'有何不可？'"）就这一点而言，涂尔干让人想起那些主张"所有自然皆为善"的自然法与道德提倡者。虽然涂尔干并未天真到相信所有社会皆为善，但他过度强调现存社会的道德"常识"，低估了象牙塔哲学家如康德、黑格尔或边沁[20]的抽象、先验思辨（正如同一些象牙塔哲学家忽略了社会学实在一样）。

---

* 自然法提倡者与实定法提倡者间的问题南辕北辙。虽然双方探讨的都是法律来源的问题，但他们使用**来源**一词的方式却大相径庭。自然法提倡者在实定法之外寻找法律来源，他们实际上问的是我们如何**评价**现存的法律。法律实证主义者则是描述现存法律并在立法程序中探求法律来源。

虽然涂尔干确实正确指出"光凭经验就足以判断（特定的抽象道德哲学）是否符合"某个时空[21]，我仍坚持"符合性"并非评价一个社会的"道德实在"是否合于正义的唯一判准。无道德的社会学家会下结论说，纳粹德国的"道德实在"完全"符合"其社会结构与意识形态。但这并不会让纳粹的恶行变得正确或公正。涂尔干或许会说，这样的社会最终必然会因内在或外在力量而毁灭。[22]或许是吧！但我们不能只因纳粹败亡，就认为任何这类的社会都必然会覆亡。（如果历史的偶然出现变化，让纳粹比美国更早发展出原子弹，或是希特勒并未撕毁与斯大林签订的条约，第二次世界大战的结果将完全改变。）因此除了"符合性"外，我们还需要另一个外在标准来评价社会道德。*

麻烦之处在于这样的外在标准并不存在于自然或造物主的话语之中。找出外在标准的唯一方式，在于是否能以古往今来整个世界的广泛经验为基础来将它建构出来，而非仅凭某个特定社会在某个历史时点的有限经验。光靠20世纪世界的经验，已能让我们清楚感受到建立基本普世标准的需要，并以此来界定甚至行使最基本的人权。建构用来界定与施行这些标准的机制，同时适当地关切它们需要配合不同的文化与经验要素而作出变化，乃是人类要面对的巨大挑战。我们不能将责任推给上帝或自然。建构这样的机制是我们的职分、责任与挑战。为了迎接这项挑战，我们必须求助经验、自然，同时也必须仰赖哲学家、

---

* 正是在这一点上，密尔与他的老师边沁意见相左。密尔颇有先见之明地假设了一个邪恶社会，它不惜牺牲受压迫的少数人（如犹太人），藉以让绝大多数的公民（如雅利安人）得到最大的幸福。这样的社会或许能满足边沁幸福最大化的原则，但它无法满足密尔的个人权利要求。密尔试图调和他对个人权利的坚持与功利主义之间的冲突，因此他假设了某些比单纯提高人类愉悦"更为重要、绝对与强制的效用"（引自 Hart, *Essays*, pp. 188—190）。密尔是个道德功利主义者，他根据外在于法律与功利主义哲学的标准，推导出效用阶序——他称之为首要道德（primary moralities）。密尔并未清楚交代这个标准的来源，但却不断争论这个标准对人类幸福来说有其必要。

道德学家与思想家的先验思辨。难题在于如何才能将这些元素结合起来建立公正而可行的道德体系。在这场对公正社会的无止境探求中，涂尔干的贡献是无价的，但也是不完整的，尤其是在个人权利方面。

借由主张法律本身——实定法——势必具有道德成分，涂尔干试图"间接地解决这个问题，而长久以来，实定法学家都认为这个问题与让法律和道德无法在分析上分离的尝试有关"。[23]涂尔干视法律为"值得效忠"的对象，因为它体现了社会道德。然而涂尔干未能解决以下问题：要如何评价以及是否要顺从符合一个不公正社会的不公正法律，是否基本权利"存在于"一个不认为这种权利符合它的社会中。*

涂尔干的权利与权利起源概念随时间而变迁。他早期的著作认为，权利"由国家授予给个人"，目的是为了满足社会功能。权利并非与生俱来，亦非个人所固有，更"未铭记于事物本质之中"。涂尔干晚期的作品则认为权利与自由来自"人类被赋予的神圣性"。这意味权利有着神圣起源，不过涂尔干在使用"神圣"一词时似乎着重在它广义而隐喻的意义上。最后涂尔干相信某些基本权利——特别是"思想自由"——既是道德权利也是社会必需品。[24]然而在关于权利来源的问题上，以及随之而来的权利究竟是不可剥夺还是仅具功能性的问题上，涂尔干的有力说明却从未超越他原先的观点：就一般意义而言，道德是法律与宗教的来源。随着宗教逐渐演进为法律，宗教也开始承认个人有能力以经验为基础批判地[25]看待与挑战法律。[26]辩论与沟通于是在表述道德

---

* 涂尔干不认为哲学与社会学的道德观点之间存在明显分野，因为他将道德视为特定社会的功能，而非普世或无时间的功能。"道德本身是相对的，但它并不是偏好。"(Cotterrell, *Emile Durkheim*, p. 203)哈特将涂尔干的挑战往前再推进一步，主张"在由一般规则组成的法律观念本身中，存在着某种事物阻碍我们将法律视为宛若道德中立、与道德原则无必然关系之物"(Hart, *Essays*, p. 81)。不过哈特承认，虽然法律体系的实质内容不道德，但在适用上却可以是道德的，只要它能平等适用在每个人身上。

与权利时扮演了更重要的角色,引领走向民主的治理过程。涂尔干相信这种过程对于以"解放个人人格"与"提供基本个人自由领域"为主要功能的现代国家来说是不可或缺的。[27]

最后,涂尔干成为一个热切的权利提倡者——作为现代法律"道德骨干"的"个人主义"是他提倡权利的前提。虽然争取个人自由或个人权利在涂尔干晚期著作中逐渐明显,但它们的来源仍隐晦不明,即便到了今日,许多最杰出的世俗哲学家与思想家的作品也无法说明这一点。或许随着涂尔干亲身经历与观察到的人类不义逐渐增加,他逐渐体认到权利这样一个能减缓人类不义倾向——施加恶行——的必要机制需要存在。如果涂尔干能长寿些,他将会看到更多的恶行——而他也将会更认同权利。正因如此,第二次世界大战后我们才会经历了一段人权急速发展的时期。

以恶行经验为基础的权利理论粉碎了哲学与社会学、应然与实然、规范与经验之间的高墙。它试图在人类经验、人性与抽象的对错观念中找到一个适当的平衡点。它是个永无止境的追求。

第十二章

权利会产生恶行吗?

大部分——虽非全部——法理学理论家苦心建构的原则架构与权利理论,恰好能引领他们走向符合自己政治、宗教或个人立场的政策应许之地。我并不是说这些学者总是故意或有意识地这么做。广泛原则与特定政策间当然会产生关联,"自由主义"或"保守主义"原则——使用不甚精确但人们熟悉的名词——通常会导出自由主义或保守主义政策,这一点并不令人惊讶。[1]如果学者谨守思想诚实、原则与前后一贯,但建构出来的权利理论却与他的个人、政治与经济观点矛盾,这种情况实在少之又少,但它确实会发生,伊利便是一例。伊利的权利理论(属于他更具一般性的民主制度司法审查理论的一部分)经常得出与他个人偏好冲突的结果。例如伊利一方面反对"罗伊诉韦德案",另一方面却支持妇女的选择权。

在南北战争之前与期间,南方知识界与宗教界领袖对奴隶制度所做的辩护,完美地证明了人类借由建构事后论点(after-the-fact arguments)来支持几乎任何在道德上充满争议的做法的能力。杰出而诚实的知识分子援引自然法、圣经法、政治经济学原则以及人类所知的各种论理方法,辩称奴隶制度是一种"权利"——不只是奴隶主的权利,也是奴隶的权利!

卡尔霍恩(John C. Calhoun)援引自然法"证明"黑人是低等的,就跟杰斐逊在数十年前援引自然时如出一辙。[2] 早在南北战争前,就有几个州的州宪法宣布蓄奴的"权利早于并高于任何宪法准许"。[3]

奴隶制度的提倡者以神圣法为依据,指出圣经描述族长亚伯拉罕的家族也曾蓄奴。历史学家吉诺维斯(Eugene Genovese)说:"他们通常会表示,亚伯拉罕既是奴隶主,又是受上帝眷顾的蓄养许多奴隶的家族之长。"[4] 连许多人认为,立场温和的卡尔霍恩也引用"希伯来神权政治"作为人类经验中最伟大的政府,并"将男性牢不可破的权威领导下的大家族当作其组织的典范"。[5] 根据这些论点,他们设计出"基督教奴隶制度"(Christian slavery)的概念,用以拯救黑奴的灵魂。因此,才有所谓为了得救而成为奴隶的权利。

有人主张奴隶制度是"所有劳动的自然与适当状况"以及所有自由的基础。然而奴隶的公民与政治权利呢?"在卡尔霍恩的领导下,南方理论家忠心地接受自然法,却强烈反对从自然法演绎出自然权利",特别是公民与政治权利。有些人的确赞同自然权利,但却将这些权利局限在某些资格上:"父亲的权利是自然的,但这些权利只属父亲所有。"财产权也是一样;财产权"只属于财产所有人"——即奴隶主。没有任何财产权属于财产本身,即奴隶。即便对于那些并未把奴隶等同于财产的人来说,奴隶唯一拥有的权利只是被善待的权利,即圣经中奴隶应该被对待的方式。"奴隶主有责任……人道地对待上帝交在他们手中的同胞。"[7]

南方有些宗教作者甚至提出演化观点。其中一位甚至毫不犹豫地从《创世记》直接跳到达尔文,他认为虽然上帝"依照造物主的形象"创造白人[8],但"猿类"与低等人类的智能之间却有连续性。他假设猿猴会有进展到"该学会说话"的一天,他矫情地问道:"当猿猴的外形与智能逐渐接近人类而有进行劳动的可能时,是否该将它们置于与白人平等的地位上?"他的回答——断然否认——被当时的人认为能解决白人(依照上帝的形象而创造)与黑人(被创造来担任"奴仆工作")之间的平等争议。[9](对有些人来说,"这一天"已经来临。现已有人提倡大型猿类也应拥有人权。1999年,新西兰成为世界上第一个立法保障大型猿类拥有某些权利的国家。几年前,科学家沙根〔Carl Sagan〕提出以下问题:"如果黑猩猩有意识,如果它们能抽象思考,它们是否拥有至今我们称之为'人权'的东西?"[10])

南方知识分子也提出经济与政治论点来支持奴隶制度。他们指出北方与欧洲"自由劳工"的悲惨处境以及工业资本主义的剥削本质。奴隶主觉得自己对奴隶负有道德义务,而奴隶的福利是否能够维持也跟奴隶主有着经济利害关系,因为奴隶是贵重的财产。资本家把工人当成用完即丢、随时可以更换的东西。南方知识分子拒绝以社会主义及其衍生说法作为资本主义剥削外的另一种选择,因为从19世纪中叶欧洲的经验来看,导入社会主义势将引发社会动荡。对南方知识分子来说,只有两种真正的选择,不是纯粹剥削的资本主义,就是纯粹父权的奴隶制度。对他们来说,要选什么很清楚。

最后,在政治论点上,南方知识分子拒绝北方废奴主义者为反对分离主义与奴隶制度而提出的自然法主张。南方提出美国宪法体系的契约性质——"两个地区的社会体系的政治妥协"[11]——认为北方无权将自身的体系强加于南方。南方引用开国元勋的说法,并以《独立宣言》作为他们脱离联邦与维持以奴隶为基础的社会体系的权利来源。说到奴隶有成为自由劳工的权利,南方嘲弄这是"自由乞讨、偷窃与挨饿"的权利。

对当代读者来说,这些论点非但不够充分而且明显不道德,但在阅读这些论点时,我们却会反复被论者的诚恳所震撼。这些人的确相信自己所说的话。他们相信奴隶制度是正当的,而他们也相信自己的论点可以证明奴隶制度是正当的。

这个证成过程说明了先验与经验推论间的复杂关系。支持奴隶制度的论证,有些直接来自外在来源——圣经、自然法或某种逻辑建构。有些则以观察与经验为基础。这些论证类型彼此互相引用、互相支持,因此很难辨别它们出现的先后顺序。仿佛这是场关于奴隶制度的牌局,一定数量的"论证牌"被发到每个玩家手上。有些牌能压过其他的牌。不同的牌型使得玩家采取不同的策略。好的玩家会预先思考接下来几轮该如何出牌,并估算对手会如何反制。有经验的玩家对于任何可能出现的论证全都了然于心——他们以诚恳、热情、一致、权威及其他倡议工具来为各种可想象的做法提出各种可想象的论证。(古谚有云:诚恳是扮戏的精髓;如果你能佯装诚恳,那你就什么都装得出来了。)人类免不了会带着某种程度的嘲弄色彩来看待自己在特定时点说服自己与别人相信特定观点的价值的本事。[12]难怪菲利普斯(Wendell Phillips)——一位曾经援引自然权利来反对奴隶制度的废奴主义者——最后逐渐了解,"'自然'不再只有一种声音,因此最终唯有法官的良知才能决定权利的来源"。[13]不过,使得对自然权利的寻求徒劳无功,并不是自然"不再"只有一种声音,而是光凭自然本身并不能表达权利。"法官的良知"也不是权利来源,因为每个法官有不同的良知。在1857年的"斯科特诉桑德福案"(*Dred Scott v. Sandford*)判决中[14],大法官陶尼(Roger Tawney)的良知判决奴隶是财产,不能享有权利,然而一个世纪之后,大法官沃伦的良知却判决前奴隶的后裔享有不被隔离于前奴隶主后裔之外的教育权。[15]

在前面几章,我们已经看到"权利"如何引致其他恶行。权利无法保证"正当"的结果。权利与其他建构一样,也会受到操纵而为任何议程背书。然而如果权利是被设计来避免最悲惨的历史恶行再度发生,或是减少其可能性,权利被误用的可能性也会大幅降低。

对于自由议程的真正支持者来说,持续不断的斗争表现在真正而深刻地投入于公民自由与人权之中,而无视于当时的政治议程。对于这种眼光长远的公民自由意志主义者(civil libertarian)来说,不管以权利为基础的体系在历史上的任何特定时点刚好让谁或什么获益,它都是不可或缺的。因此,言论自由永远可欲。只有以权利为基础的体系的长期利益,才能有助于避免过去的恶行再度发生。

然而对许多人来说,追求公民权与自由权,只不过是为了支持眼前的政治目标而采取的临时策略。对这种人而言,权利仅是暂时的偏好,一旦权利无助于他们的政治或经济利益,他们就会抛弃权利。举例来说,当极权政府控制波兰时,波兰天主教会组织一直是捍卫权利与自由的先锋。教会支持言论自由、良心自由、教育选择与其他基本自由权,以此作为削弱极权统治的策略。但当极权政府倒台、教会再度成为支配波兰的政治力量时,自由议程却被完全搁置,而权威议程——教会本身的权威——反而广受教会组织支持。公民权与自由权不过是教会全盘支配策略下的权宜之计。类似现象也出现在以色列,狂热的宗教少数派人士利用民主制度来扩张自身的权力,一旦民主制度与宗教少数派长远的神权政治目标冲突,民主马上弃如敝屣。

策略性地运用与滥用公民自由权以实现其他议程,这种做法在近代史上屡见不鲜。就连杰斐逊也犯了双重标准的罪行。在杰斐逊位居要津之前,他曾说过一句名言:"如果要我决定我们应该拥有一个无报纸的政府,还是无政府的报纸,我会毫不犹豫地选择后者。"然而在经历20年的公职生涯后,杰斐逊却改变见解。1807年,在提到之前他曾钟爱的报纸时,杰斐逊却说:"从来不看报纸的人要比看报纸的人见闻更广博,因为什么都不知道的人要比心灵充满虚假与错误的人更接近真理。"同样的状况也发生在哈维尔(Vaclav Havel)身上,他在捷克斯洛伐克的天鹅绒革命(Velvet Revolution)中要求新闻自由,然而等他担任总统之后,却公然质疑那些不断批评他的新闻媒体享有"太多自由"。有些人也许会为教会、杰斐逊、哈维尔与其他人辩护,认为他们自身的经验使他们的权利视角出现改变。这种说法无疑十分真切。然而他们立场的变化却是如此完全与自身的利益一致,因此他们很难避免为了自利而采取双重标准的指控。

与权利建构最有关联的历史与经验变迁,是在绵延不绝的漫长时期中产生的,而这种变迁与社会广泛层面的关系,要比与掌握权力的个人(或精英)来得密切。我们需要提防个人权利支持者的立场突然松动,特别是当个人权利妨碍到他们新近获得的权力时。从历史上我们也发现,奋勇为自由议程而战的提倡者通常都是形单影只,自由胜利与否和他们个人或团体并没有密切的利害关系,但他们却为了人性尊严与防止过去的恶行再度发生而持续为自由投注心力。

权利的确能产生恶行,因为权利的本质正在于制衡舆论的确信无误。如果权利是基于我们对恶行的经验而产生的人类发明,人类当然有可能误解经验教训,或是未能对恶行有所认识。误用权利也是可能的——假权利之名而图狭隘、短视与党羽私利。权利不保证正当结果的出现。有权利的世界是个有风险的世界,但经验告诉我们,没有权利的世界风险更大。

第十三章

权利外在来源的争论是否为自由主义与保守主义之争?

自然法支持者与较倾向结果论和实证主义取向者,无法借由传统自由主义—保守主义或进步—反动路线来加以区分。在主张权利来源独立于既存法律与单纯效用之外的当代学者中最具影响力的德沃金,碰巧是个在政治与宪法上认同左派的自由主义进步派人士。在支持实证主义与结果论权利取向的学者中最具影响力的波斯纳(Richard Posner),则极为保守且认同右派。* 许多自然法支持者(特别是神圣自然法)倾向于右派,而许多结果论者则自认为与左派较为接近。不过,德沃金的自然法(或更精确地称为非实证主义与非结果论)取向总是引导他走向进步观点(有些人会认为是德沃金的进步观点决定了他的自然

---

* 值得一提的是,德沃金与波斯纳各自建构了能充分发挥自身长处的理论。德沃金表达一般理论、做出适当区别与调整抽象层次以达理路一贯的能力,鲜少有人能望其项背,波斯纳运用经济分析证成其个人与政治观点的能力亦非常人能及。这两种取向的共同之处,在于它们难以被一般大众所理解与运用,只能局限于知识精英间的深奥论辩。

法取向),至于波斯纳较倾向结果论的取向则几乎决定了他较为保守的观点(或说是波斯纳的保守观点造就他的结果论取向)。

不管在理论上还是实务上,自然法或法律实证主义与激进或反动的纲领之间并无必然关系。自然法与法律实证主义都可用来改革现状或维持现状。自然法可以作为美国独立战争、奴隶暴动、公民不服从行动与法律改革的理由。激进的自然法支持者引用更高的权威作为违抗不公正实定法或推翻不公正法律体系的根据。反动的自然法支持者也凭借更高权威来进行宗教压迫、否认实定法权利(如生育自由、协助自杀、胚胎细胞移植)与维持现状(如奴隶制度、同性恋入罪化)。

法律实证主义者也会是革命分子、不服从者与改革者。对他们来说,法律就是法律,但通常"法律是驴蛋——是蠢货"(借用狄更斯《雾都孤儿》中的人物邦伯先生的话),因此法律必须改变,实定法可以轻易被人废除,正如它可以被轻易制定一样。法律实证主义是改良主义者如边沁、奥斯丁(John Austin)与密尔的产物。但法律实证主义也造就了最压迫的法律、政治与军事暴政体系。"法律就是法律",纳粹党人说道,没有人有权引用更高权威作为不服从法律的借口。

法律或道德没有外在来源,人类是根据自身价值创造法律与道德来源,这种想法长久以来一直与尼采无涉道德的哲学相系,而他的价值观令人极为不快。然而,否认客观道德与建构特定主观道德,两者之间并无必然关联。尼采的个人道德是精英主义、种族主义、性别歧视主义与不民主的事实,正清楚说明了将道德选择交给个人的风险。有些人作出恶劣选择,有些人则创造出与自然法或客观道德毫不逊色甚至犹有过之的高尚而怜悯的道德。我只需以密尔与诺齐克建构的道德体系为例,它们完全迥异于尼采的原纳粹主义(proto-Nazism)。

让道德脱离宗教或脱离其他所谓外在来源的束缚,将不可避免导向尼采或"同类相食"(如大审判官所言),这种说法就算是真的——它当然不是真的——也只不过是一种论点,用来支持来自于外在来源的客观道德有其**可欲性**与**必要性**。这并不是个支持道德**实际存在**的论点。如果这种道德实际上并不存在,那么我们除了纯粹主观的个人主义道德外,便只剩下几个基本选择:

(一)我们可以**佯装**道德存在并将它当成真实之物。我们可以称其为道德虚构取向。

(二)我们可以试着从确实存在的来源——例如人性——**推衍**出客观道德。我们可以称其为推演取向。

(三)我们可以试着**建构**一个在逻辑上具有强大说服力的道德体系,令我们得以合理主张它具有客观性。我们可以称其为客观建构取向。

(四)我们可以仰赖历史上的人类**经验**——尤其是负面经验——并记取这些经验教训,以这些经验作为不断变迁且由人所创造的道德、法律与权利体系的基础,并且倡议某些基于这些经验而建立的权利。我们可以称其为经验倡议取向。

这些取向本身并不带有自由主义或保守主义倾向。每个取向都企图**描述**法律与权利来源,而这些描述并不必然具有规范意义,也不必然提出特定的道德论断。每个取向都能产生善或恶、进步或退步、自由主义或保守主义。

就自然法取向认为自然法的内容具有普世性与永恒性来看,改变自然法的难度比实定法高,因为实定法可以轻易修正——至少是在理论上。但自然法当然也会随时间推移而出现剧烈变动,自然法所声称的内容也会因时空不同而变。实定法有时可以比自然法维持更久。美国宪法是实定法,却在两个世纪以上的时间里几乎未曾更动,而美国宪法的"自然法"基础则在这段时间内经过无数次变动。当然实定法的持久性是个双面刃,因为恶劣的实定法也会持久存在,特别当实定法剥夺了公民表达异议与寻求修法的权利时。

从更根本的层次来看,在实定法外寻求道德拘束的人与避谈外在来源的人之间的争论,在于双方对是否该信任拥有自由的人类抱持不同的意见。最有力的不信任例子是陀思妥耶夫斯基大审判官,他相信科学(或经济)如果不受宗教权威拘束,势必导致不受束缚自由的内在焦虑与同类相食的外在灾难(我们现在或许还可以再添上恐怖主义与核毁灭)。信任的例子则有边沁、密尔、波斯纳与其他相信外在道德拘束毫无意义以及人类必须拥有作出恶劣选择的自由的人——如霍姆斯常说的:"如果我的同胞想下地狱,我会帮他们一把。"[1]

最能证明权利源自人类经验而非某种抽象外在来源的,就是权利知识论的历史。权利来源的论争,本身即是时代经验下的产物。边沁反对自然法,因为他曾目睹自然法遭到滥用。功利主义与法律实证主义在大改革时期曾享有一段思想荣景,但在纳粹出现之后,它们的名声也跌入谷底。如今,我们已经历了自然法与实证功利主义的滥用,我们所渴求的理论,是能拥有自然法与实证功利主义的优点而无其缺点的理论。我们寻找一种不为了多数人幸福而牺牲个人或少数人的功利主义——个人必须得到尊重与体谅,不管这种做法会对多数人造成怎样的影响。我们试图发现、创造或建构一种不依赖上帝话语、自然信息或其他形式来源的自然法。我们知道我们需要一种超越法律、功利主义计算、上帝话语或自然要求的权利来源!但我们无法"找到"它,理由很简单,权利来源不存在于人类经验之外。

法律与道德是人类的建构物,为的是努力提升人类自己以脱离自然状态——加强人类为善的能力,打消人类为恶的能力。我们所能做的,便是清楚表达与倡议这些经验告诉我们的权利,因为只有它们才能避免过去的灾难重演,*我们必须体认到,如果我们未能记取历史教训,我们势将重蹈恐怖覆辙。一旦人们产生共识,认为人类应该试着避免某些恶行再次发生,我们便能开始建构权利体系。这个建构过程的核心,在于持续不断地倡议经验证明能有助于防止恶行再度发生的权利。

就某个意义来说,经验的权利取向正好处在德沃金与波斯纳两个极端之间,然而就另一层意义来看,它又处于争论之外。在自然法与实定法支持者之间经年累月难以解决的纷争之中,经验的权利取向不失为一个切实可行的行动指引。尽管哲学家依然可以继续对"外源性"与"建构性"的深奥争议进行细致的讨论,但权利的实践者——**履行**权利的人、倡议并行使权利的人——却不能因此继续苦等下去。以经验为基础、由下而上的权利取向,使得权利实践者能仰赖历史作为指引,了解权利能防止或减缓过去的不义再度发生,并因而可钳制未来的不义。事实上,这一点也十分适切地描绘出许多人——甚至包括许多哲学家——实际上是如何得出自己的权利取向的。

人们或许不愿接受大审判官提出的**纲领**——降伏在权威、奇迹与神秘之下——但却大致同意他对人性的**描述**。权利倡议者必须奋力对抗大多数人对外在权威的固有需要,试图说服他们不要顺从各个世代的大审判官的诱惑——大审判官取走让人们感到焦虑的选择自由,并建议人们何不轻松地相信别人(上帝、教会、国王、总统、法官、经济学家或哲学家)为自己作的选择。

---

* 哈特提到"政治道德哲学现在正航经风暴之洋,它穿梭于古老的功利主义信仰与新兴的权利信仰之间"。Hart, *Essays in Jurisprudence and Philosophy* (New York: Oxford University Press, 1983), p. 221。哈特比我来得审慎乐观,他认为道德哲学家的努力最终将引导我们取得完美权利理论与正当权威来源的圣杯。

阿舒勒(Albert Alschuler)教授悲叹他所看到的事实:"20世纪美国法理学的核心主旨(一直)是'没有对错可言'。"[2]就这个主旨说明了世上并不存在单由上帝、自然或理性指示的绝对道德规则这一点而言,我是同意的。然而对错(尤其是错)可以且必须从经验中归纳出来。我们的道德义务很清楚:正因这些重要的道德原则不存在于人类经验之外,所以我们必须**建造**对错的体系。我们必须清楚表达与倡议权利,以协助防止过去的恐怖恶行再度发生。[3]我们必须发明属于我们自己的道德——并从经验中归纳出属于我们自己的权利——因为没有人能为我们代劳。

第三篇

经验权利理论在具体问题上的运用

第十四章

经验权利
能否钳制多数决的滥用？

任何权利理论都必须借由解决实际问题来印证效用。在往后的章节中，我要运用经验的权利理论来处理一些至今争论不绝的议题——如"生命权"、言论自由、政教分离与恐怖主义。但首先我要概括地审视一下权利在我们的民主制衡体系中的重要角色。

权利在民主制度中如何发挥作用

如果权利能凌驾于多数偏好之上，权利必定是通过民主原则或其他超越民主的原则而得到合法化。最初由代议制度——如制宪大会、立法部门或公民投票——确立的实定法权利，是民主程序的自然产物。唯一的问题，是过去的民主决定对于今日的多数是否仍具拘束力。只要权利可以通过修法过程——即便是超级多数程序（super-majoritarian process)——来加以更动,其中就依然保有民主的成分。* 当权利声称自己来自外在来源,如上帝或自然时,权利便无法宣称自己具有民主的来源(除非多数人同意接受这种外在来源的拘束)。

讽刺的是,自古以来,基于安全、保障或方便之名而要求削减权利的,往往是人民自己。有时他们还会提出更加不具说服力的理由:偏执、仇外与不宽容。立宪民主遭遇的最大危机,在于多数人要求少数人的权利应基于强烈的偏好或必要性的主张而予以削减。多数权力与少数权利间的冲突,构成政府理论上最难解的问题。

民主制度该如何让一个允许少数对抗多数的《人权法案》具有正当性?就简单的层次来看,答案很清楚:《人权法案》是经由民主程序制定的(尽管民众的选举权在当时是受到限制的),而且可以经由民主程序废止(不过必须经由复杂的超级多数程序)。不过如果这些权利真的被法律废止,许多人还是会认为这些权利(与其他权利)不可剥夺,因为他们认为它们的来源——上帝或自然——超越了民主。对此,其他人可能会如此回应:在民主制度下,只有法律才会是权利来源。至于经验权利的支持者则会指出,恶行的出现使得人们接受权利,如果废止权利,这些恶行(与其他恶行)将会再度发生。

在美国的立宪民主史里,每隔一段时间就会出现让少数派制衡多数行动的努力。虽然当中没有任何一项原理受到普遍认同,但大家都认为立宪实验——而它也的确是一连串不断变动的实验——是成功的。美国的经验证明,自由的最大威胁来自于善变的多数对少数权利的不宽容:《客籍法和镇压叛乱法》、白人蓄养黑奴、一无所知的排外主

---

* 超级多数程序的条件要比简单多数来得严苛。例如,若欲修宪或罢免总统,须有比过半数更多的票数。

义(Know-Nothing nativism)*与迫害移民、隔离与种族主义、最多曾监禁超过十万名日裔美国人的反日歇斯底里、毒害人心的麦卡锡主义思想控制，以及2001年"9·11"事件后对阿拉伯人与穆斯林进行种族拦检与监禁。虽然美国的《人权法案》不够完美，无法阻止这些过当行为发生，但它的确阻止了人民暴政。美国宪法前十条修正案**偶尔也严厉钳制人民的多数行动——虽然回想起来，这些严厉钳制或许是不必要的。例如在新政初期，美国国会通过对抗经济大恐慌的立法，但这些立法却被宣判违反了正当法律程序。今日许多美国人相信，沃伦法院过度保护被控有罪的人的权利。不管人们是否同意这些评估，很清楚的是，一般而言，在多数权利与少数权利之间存在着可行的平衡。

　　这种平衡是美国动态治理体系的一环，可以避免权力过度集中。美国的主权不同于其他绝大多数的西方民主国家，它并不归属于任何一个政府分支，甚至也不属于多数人民所有。美国的主权是程序，它反映在政府概念中，例如制衡、权力分立与司法审查。说得更广泛一点，美国的主权反映在新闻自由、政教分离、学术自由、自由市场经济、反托拉斯法，与其他用来防止权力集中的结构性与司法机制。美国的主权也反映在移民法上，这部法律——除了在20世纪二三十年代出现重大转折外——造就了人类史上民族最多元的国家。

　　除了这些抽象概念外，美国人也普遍不信任不受束缚的权威，这是基于美国与众不同的历史与经验。美国与其他国家不同之处，在于美

---

　　* 一无所知运动(Know-Nothing movement)出现于19世纪50年代的美国，起因为当时有大量爱尔兰天主教移民进入美国主要城市，而有些美国人认为这些移民并不认同美国价值，同时还受到教宗的控制。这些排外主义者成立了秘密政党"美国党"(American Party)，"一无所知"得名自其成员在被问到是否知悉该秘密政党时，必须回答"我一无所知"。——译者注

　　** 即美国《人权法案》。——译者注

国人的祖先选择离开其他地方以寻求更好、更自由的生活。[1]美国是由少数族群、异议分子、流亡者、冒险者、怀疑论者、异端、实验者、反对者——多疑而易怒的特立独行者——组成的国家。美国是暴君的梦魇与无政府主义者的梦想。有些标语——现在听来有点落伍——充分说明美国深厚的个人主义:不可践踏我;不自由,毋宁死;给我证据;质疑权威。[2]

在今日,这些陈旧的标语已成了粗鲁的汽车保险杆贴纸、T恤标志与墙上涂鸦。无论媒介为何,两百多年来美国人的标语似乎没什么变化:我们需要呼吸的空间、我们不接受编制化、我们要求我们的权利。

在这样的历史背景下,《人权法案》可谓是最能抵抗暴政的保单。保单都一样,没有人喜欢缴保费,因为缴了钱并不能拿到实质回馈——至少当下拿不到。每当有罪犯因宪法第四修正案而获释,每当色情业者或种族主义者因第一修正案而获准散布猥亵或毒害人心的言论,每当年轻女孩基于选择自由而作了堕胎的"错误"决定,以及每当贫穷的叶史瓦大学(yeshiva)或天主教学校学生申请宗教教育补助被拒,只因此举违反宪法上禁止政府确立国教的规定时,我们的保费便随即加重。

然而保单的好处在于我们借由缴付保费以换取保障,毕竟灾难是无法预测而无法避免的。保单虽不能避免死亡或残废,却能减少损失。有时候好的保单甚至能要求主管机关采取预防措施以降低风险。

《人权法案》与一般权利本身并不能防止迫害发生。但权利却能设下障碍阻挡暴政前进,特别是当善变的多数试图确立自身权力并随时间进展而不断扩权时。以权利为基础的体系也对那些试图通过可疑工具取得权力的人传递了重要讯息:"我们美国人相当看重自己的权利,如果你忽视这一点,等于干冒极大的政治风险。"尼克松与麦卡锡的下台,便是美国人对毁坏宪法保障条款者极为讨厌的明证。[3]

过去这两百年来,美国人在集体保单上已经支付不少宪法保费,并且累积不少权益。幸运的是,我们的保单并不是定期保单,它是对美国作为一个自由国家的未来所作的终身投资。

举证责任的归属?

现在,有人想将美国宪法转变成鼓吹特定哲学、学说乃至于宗教的派系工具。福音派的罗伯逊(Pat Robertson)称美国宪法是基督教文献,并承诺将美国宪法从以世俗角度曲解宪法的"非基督徒"法官手中解放出来。有些政治人物认为《人权法案》是他们政纲的包袱。他们企图限缩《人权法案》的诠释,要求应依法案的"原意"——他们宣称自己知道原意是什么——施行。然而就算我们真的知道法案制定者的原意,这个原意也一定相当概括而广泛:创设永久性的自由宪章,使之足以因应情势的变更。[4]

今日的美国已与1787年的美国大不相同。从清一色英格兰新教徒组成的农业社会,发展成世界史上异质性、族裔、语言、种族与宗教最多元的社会。从科技、经济、军事、文化及各方面来看,现今的美国社会已远远超乎当初法案制定者的想象或计划。然而制定者当时留下的文献仍足以适应它们所治理的社会的经验变迁。开国元勋想象不到的新恶行,势必促使新权利出现,以防止这些恶行再度发生。

在民主制度下确立权利,其效果在于让某些议题不受当下多数的控制。换句话说,被确立的权利将处于纯粹民主的范围之外。然而,如果权利并非神圣、自然或永恒,而是民族经验与历史的产物,我们就必须证明权利的反民主性格有其合理性。我并未把受到恰当限制的权利当成受到恰当界定的民主的对立物。相反的,权利乃是民主制衡体系中最重要的元素。[5]

权利不该阻碍变革,特别是权利本身也该基于人类变动的经验而持续接受重新评价。在某些情况下,权利的确让变迁的脚步放慢。艾格纽(Spiro Agnew)批评自由主义者坚持行使权利的后果,便是让个人权利成了"吹向国家船头的逆风"。这个比喻很恰当,尽管他并不是用正面的角度来运用。在民主制度下,权利可以给政府压力,使政府改变航向、谨慎航行并避免轻率废止重要而恒久的价值——记取过去的教训与避免前人的恶行。汉德法官(Learned Hand)曾说,一旦人们心中的自由已死,"法院无法让它起死回生……法院对此根本无能为力。"[6]汉德的前半句话是对的:光凭法院本身无法拯救自由。但后半句话却是错的:借由正确执行权利,法院可以减缓暴政的肆虐——或至少是有时如此,如麦卡锡时期。[7]

权利有时会剥夺暂时性多数的某些权力,并将限制权力的能力赋予那些过去缺乏政治影响力或遭受歧视或边缘化的人。有些权利其实开放了民主管道:言论自由、投票平等,与防范国教的确立。[8]另外一些权利则能让民主运作得更公平。丘吉尔说,一个社会民主与否,可以从社会内部受歧视的成员所遭受的待遇看出,如果丘吉尔是对的,被指控的罪犯、外国人、精神病人与其他社会边缘人的权利正是民主过程重要的一环。

在民主体系中,非选举产生的法官推翻当前多数偏好的权力必须受到限制。当宪法明文规定某个特定权利胜过偏好时——如禁止强制自证其罪的权利推翻了我们迅速定罪的偏好——代表实证主义获胜,在这种情况下,我们不用担心权利的来源或正当性。宪法的平直语言决定了优势的归属。唯一能改变宪法明文权利的,只有繁复而很少使用的正式修宪程序。[9]一旦人们主张的权利在宪法上并未明文规定——如父母禁止祖父母探视孙子女的权利——程序依然获胜,不过,这必然伴随着权利与反权利在来源与正当性上的冲突。在这两种情形中,我们较常遇到的是后者,也就是人们对宪法未明文的权利提出主张,此时,凡主张某权利应胜过多数偏好的人,必须举证说明自己的偏好为什么应当拥有权利的地位。而在一个非神权政治的民主制度中,人们在举证时并不能指称这是上帝的意志或自然的命令。

举证责任在权利主张者身上,要是他们所主张的权利缺乏说服力,民主制度势必会将优势交给多数偏好而非少数偏好,因为多数决乃是民主制度的预设立场。为了满足举证责任,说明宪法未明文的权利为何能胜过多数偏好,权利主张者可以援引历史与经验来说服决策者相信其主张应该成为权利。* 随着历史与经验改变,特定主张的说服力也会跟着改变。不过历史与经验的变迁是渐进的,不像多数偏好那么反复无常。就这一点来看,未被清楚确立的权利总是随着时间推移而不断受到重新评价。

在这种取向下,法官一般只能减缓改变的步调,而不能阻止改变。新政就是这个过程的完美例子。在富兰克林·罗斯福总统第一个任期内,联邦最高法院一而再、再而三地判决认定,为解决经济大恐慌而必须进行的进步社会立法违反了宪法正当法律程序的广义要件。然而变迁的历史与经验终究清楚证明,最高法院的财产权概念(以实质性的正当法律程序为基础)不仅落伍,也不适合变动的美国生活的经济现实。因此当务之急是任命新的大法官——支持新政的民主党人如法兰克福特教授与道格拉斯(William O. Douglas),以及布莱克(Hugo Black)参议

---

* 权利主张者也可提出这样的论点:美国政府——尤其是美国联邦政府——的权力是有限的,根据美国宪法第十条修正案,"宪法未授予美国政府之权力……保留给各州……或人民"。另外也可参见第九修正案。

员——以改变最高法院的立场。任命程序因此成了进行变革的机制的一环,正如"遵循先例"(stare decisis)是减缓改变的机制的一环。

我可以引用许多例子来证明以下的结论确实有理:法律的生命是经验,而非逻辑——或上帝、自然,或是其他普世不变的真理或外在来源。

我们是否拥有太多权利?

经验显示,新权利不断地应运新恶行而生,或是来自承认旧日做法的恶劣。举例来说,最近之所以出现环境权这个新概念,明显是为了回应现代工业主义引发的环境问题。虽然环境主义的关切可以回溯到圣经时期,圣经禁止摧毁被征服者的果树,然而却是工业化国家的晚近经验将这样的关切孕生为"权利"。我曾造访一个前工业国家,该国苦于高失业率与低生产力,有人告诉我,"这个国家需要的是多一点污染!"这个国家的历史与经验使得环境保护与环境权的需求尚未出现。

不过,低度发展国家的经验使其对积极经济权利需求孔急——例如工作权或完善的医疗权。诺贝尔经济学奖得主阿玛蒂亚·森(Amartya Sen)曾举证历历,政治权利与经济权利之间存在着不可分割的关系。他提出令人惊异的事实,凡是拥有政治权利而运作良好的民主国家从未经历过饥荒,他还认为最基本的权利应该混合传统的消极政治权利(例如政府不应该限制言论自由、宗教自由,等等)与积极的经济权利(例如经济设施、社会机会与安全保障)。[10]

在美国,一般大众的权利概念总是局限在对政府权力的消极限制上,而这些消极限制的来源是宪法。"国会不得立法限缩……"即为典型。然而来自政治光谱上各个部分的人士却不约而同地推动范围更大且更积极的权利观点。许多右派人士,甚至包括一些中间派,都支持修宪确立犯罪被害人的权利。部分左派人士则支持纠正种族或性别歧视行动的权利。有些人认为医疗、教育与安全是权利。另一些人则主张福利或至少最低限度的生活所需是权利。

除了这些真正的积极权利外,也出现了一些新奇而危险的"权利词汇",好用来曲解宪法。"被害人的权利"、"不受色情侵扰的权利""胎儿的权利"与"不暴露于世俗人文主义的权利",等等,这些都是右翼团体想出来的术语,用来欺骗大众,使他们误认为求助于政府权力其实等于行使个人权利。

权利与政府息息相关,特别是宪法权利。美国《人权法案》(与南北战争之后的修正案)为了限制政府权力,因而确保某些个人权利,使之无法被政府代议机构所剥夺。进行刑事诉讼时,被告或嫌犯有免于强制自证己罪、双重追诉、受到残酷而不寻常惩罚以及交纳超额保释金的权利。

宪法没有被害人权利的条款,理由很简单,政府通常不会试图拒绝被害人的任何正当主张。[11]被害人受到非属政府部门的公民攻击,政府站在被害人的立场起诉被告。《人权法案》试图寻求平衡,因此给予被告某些权利。然而在实务上,政府并不总是为被害人设想,特别是当他贫穷、不受欢迎或无权无势时。甚至连中产阶级被害人也经常遭受忽视、不便与不当对待。因此我们可以理解为什么被害人权利游说团体要为被害人在刑事司法体系中争取一席之地。这些团体也成了检察官与政治人物最喜爱的人士。哪一位正直的市民能拒绝得了犯罪被害人的情感诉求?检察官不再主张自己代表无私的政府(即拿了你辛苦赚来的钱却完全不理会你的陈情的政府)。现在,检察官成了被害人的喉舌——这些被害人成了每个曾被闯空门或被扒钱包的公民认同的对象。

立法机构也赶搭这班被害人权利的列车。美国有半数以上的州制定了被害人权利法。这些法律绝大多数都是新瓶装旧酒。有些内容根本缺乏对被害人的实质保护：它们只是拿走被告的权利。另外一些立法确实改善了被害人与证人的处境，减少了一些不便，并要求刑事司法体系的管理者必须将被害人与证人的利益列入考虑。

新法中最受争议的部分，是被害人——或被害人的代表——有权利在量刑法官与假释委员会面前进行有关被害人所受影响之陈述。这些陈述提供了假释委员会与量刑法官情感与细节的描述，说明犯罪事实如何影响以及仍持续影响被害人。虽然让被告直接面对被害人的挑战，可能会比直接面对不带情感的检察官更富人性也更有价值，但进行被害人所受影响之陈述，代价却相当高昂。它将带来阶级与种族偏见。当被害人是量刑法官能够认同的对象时，法官容易将罪行看得很重并认为应对被告施以严惩，然而当被害人是穷人、流浪汉、失业者或不受欢迎的族群时，情况可能刚好相反。长久以来众所周知，被害人身份对于惩罚的宽严有着重大影响，因此若是增加被害人在刑事司法程序中的能见度，将使差别待遇的现象更加严重。很明显地，被害人权利的概念是把双刃剑。

近年来，联邦最高法院已经对此作出不少冲突性的判决，然而被害人权利运动仍如火如荼地展开，被害人权利的说词也不断在各种场合出现。所谓的色情受害者持续进行街头游行，主张他们有"权利"要求政府将色情赶出社区。生命权游行中，举目可见巨细靡遗的"堕胎受害者"照片。基督教基要主义者宣称自己是世俗主义的受害者，主张他们有权利要求政府支持基督教并限制公立学校教授进化论。

右翼人士使用这种新权利说词来破坏个人权利，并故意混淆视听、误用词汇。与政府权力相对的权利概念是美国国家认同至为重要的一环,不能被这种一时兴起的说词所蒙蔽。我在偶然间发现竟有这么多权利主张,我认为将这些权利与反权利主张并列出来,或许能有所帮助。

权利

- 胎儿生命权
- 临终者生命权
- 不被处死的权利
- 获得充足营养的权利
- 携带武器的权利
- 刑事被告的权利
- 言论自由权
- 私有财产权
- 工作权
- 性隐私权
- 选民影响选举的权利
- 成为自由球员的权利
- 雇员有1周工作4天的权利
- 隐私权与匿名权
- 保密权(律师、牧师、医师、性侵害辅导员等)
- 父母有决定谁能接近其子女的权利
- 父母有基于宗教理由不让子女上学的权利
- 父母有基于宗教理由拒绝子女接受医疗的权利
- 父母有严厉管教子女的权利
- 丈夫有婚姻权
- 吸烟权
- 干净环境的权利
- 双语教育的权利
- 摘取死者器官的权利
- 父母有知道未成年女儿堕胎的权利
- 选择医师的权利
- 不接受DNA检验的权利
- 在社区建立教堂、犹太会堂或清真寺的权利
- 公平住宅实务的权利
- 改宗的权利
- 接受治疗的权利
- 税捐资讯保密的权利
- 动物权
- 基因隐私权
- 被告要求从被害人遗体取得DNA进行检验的权利
- 强奸被害人有要求被告接受性病检验的权利
- 强奸被害人有要求身份不被揭露的权利
- 同性恋伴侣收养子女的权利
- 引用与模仿任何文字作品的权利
- 艺术品所有人改动作品的权利

知道社区中之性侵犯者的权利（梅根法案〔Megan's Law〕）
姓名权与身份权
防止陌生人改成跟你一样名字的权利
表达性别歧视、种族歧视、对同性恋者的畏惧与敌视以及其他偏执观点的权利
陪审团拒绝接受证据或适用法律的权利
无限生育的权利
贷款利率不可过高的权利
拒绝提供不利于子女、父母、配偶、朋友的证言的权利
要求对机器计票进行人工重新计票的权利
免于种族或族裔拦检的权利
匿名权

雇主有要求雇员于工作时间劳动的权利
知道谁在网络上批评你的权利
发出相关资讯传票的权利
祖父母有探视孙子女的权利
儿童有接受教育与选择不同生活的权利
儿童有生存与选择不同宗教的权利
儿童有免受虐待的权利
妻子有拒绝权
拒吸二手烟的权利
与环境关切冲突的工作权
语言统一的权利
维持尸体完整的权利
女儿有无须知会父母而选择堕胎的权利
接受平等医疗的权利
证明无罪的权利
住宅区管制的权利
居于同质社区的权利
免于改宗的权利
免于接受治疗的权利
相关资讯的权利
人类使用动物进行医药实验的权利
保险公司或雇主评估风险的权利
被害人遗族要求让被害人遗体不受侵扰的权利
被告的无罪推定与隐私权
被告有揭露提出指控的被害人姓名以挑战其可信度的权利
儿童被异性恋家庭收养的权利

反权利

选择堕胎的权利
协助自杀的权利
为挚爱复仇的权利
动物有不被吃的权利
街道安全的权利
被害人的权利
不受冒犯的权利
均分财富的权利
团体协商权
道德社会权
贡献均等的权利
球队存续的权利

作者的著作权
艺术家保持作品完整性的权利
服刑后的隐私权
公平购买的网域名称财产权
选择身份的权利
免于不友善环境的权利
法律平等保护的权利
生活在不拥挤的世界的权利

赚取风险报酬的权利
取得每个人的证言的权利
要求以机器计票为最终结果,反对进行"主观"人工计票的权利
免于遭遇劫机者与其他罪犯的权利
以万无一失的国民身份证来防止身份盗用的权利

难题在于将这么多传统上属于政治与政策的领域"入宪"是否为明智之举。让偏好入宪使之成为权利,等于是把偏好从多数决定的领域移除,并使之成为非民选法官(至少在联邦体系是如此)进行司法审查的标的。

联邦最高法院进行司法审查的权力,其正当性来自于美国人的历史经验。司法审查是自由的重要成分,尽管它跟其他成分一样也会受到滥用与误用。[12]

权利在民主制度中扮演着核心但却有限的角色,它最重要的功能是钳制多数决。正因如此,并非每个强烈偏好都该被承认为权利。多数决仍应是民主制度的预设立场。除非被主张的权利在防止严重恶行上的确不可或缺,否则多数决仍应居于优势地位。权利若过度增生,不仅将使经验已印证其价值的基本权变得平凡,也将危及民主制度的治理。不能防止恶行的权利,不能算是权利。

第十五章

"生命"权存在吗?

"生命权"引发的对立与争论,充分显示自然或神圣权利的主张已面临思想破产。对于怀孕妇女或女孩是否、何时以及在什么程度下应该拥有选择堕胎而非生育的权利,讲理、明智而道德的人士有着截然不同的看法。人类的天性无法明确解决这个争议[1],任何明确的逻辑论证也不必然能产生结论。圣经中也没有明确的诫命,这一点可以从圣经信仰者对堕胎议题的歧见看出。*

有些人自负地宣称,如果大家能想清楚一点、有道德一点,就能理解堕胎违反了活生生的胎儿的自然权利。另一些人则认为,如果大家想事情能有逻辑一点,就能理解强制生产违反了母亲的自然权利。这两种说法显然都是错的,因为这些思路清晰而道德的人士基于各自的世界观、价值观、教养、经验与对未来的评估,而产生南辕北辙的结

---

* 如果人类生产如同袋鼠生产,这场堕胎论战或许将大不相同。袋鼠的胎儿早在怀孕初期就已"出生"。才过五周,"幼体"便爬出母体的内子宫,然后马上爬进外子宫——腹袋——幼体在此度过第二段为期四十二周的怀孕期。如果人类生产也有类似的分期,生产将比较像是过程而非绝对的决定生命开始的分界点。

论。[2]双方都可以是对的,只要你接受它论证的前提。有些前提显然是经验性的,例如轻易堕胎会助长滥交。[3]另一些前提则显然基于信仰,例如上帝命令不可堕胎——或只容许某些堕胎。还有一些宣称自己完全基于道德而非基于事实的观点,然而分析之下,它们其实具有浓厚的经验成分,例如若允许堕胎,人类生命的价值将会受到贬损,使得我们更易于合理化其他取人性命的行为。这类滑坡谬误是以难以建立的经验主张为前提,虽然如此,它们仍然是经验主张。

对许多人来说,经验是堕胎辩论的决定要素。他们仰赖完全禁止堕胎的国家的经验,他们发现这些国家的年轻妇女在简陋房间里接受非法堕胎手术,因缺乏适当医疗而死亡或受伤。他们发现富人的伪善,富人可以到国外接受安全的堕胎手术,穷人则毫无选择余地。他们也看到以下两者间的差异:一边是挽救具有完整感知能力的18岁少女的性命,另一边则是保守1个月大胎儿的活命机会。

经验也提供辩论的反方一些助力。超音波与其他科技让胎儿的一举一动、感觉与对疼痛的经验完全清晰地展现在人们面前,如此更增添了胎儿是"活的"——至少当胎儿发展到某个时点——的说服力。反对后期堕胎(反堕胎者称后期堕胎为"半生产堕胎"〔partial-birth abortion〕)的论点,也得到该程序(其实是数种程序)的经验与科技(使后期胎儿能顺利出生并在母亲子宫外存活)的进展的佐证。

各种不同经验所产生的结果,使堕胎讨论充满微妙的差异,同时也较不绝对。当科学发展到能更早介入怀孕过程——例如"事后"丸——并且让怀孕初期的胎儿能在子宫外存活时,道德议题的面貌也随之而变。甫形成两天的胚胎与尚未出生但已几乎完全发育而可以在子宫外存活的胎儿,两者就算并非在实质上不同,至少在程度上也绝对存在差异。对于不以意识形态看待道德议题的人来说,这种差异的影响相当深远。科学的发展或许有利于支持在怀孕初期堕胎的人,但也有利于反对在怀孕后期堕胎的人。许多人认为怀孕妇女有权决定不让胎儿留在自己的子宫之中,但他们并不一定认为,妇女既然可以借由取出胎儿(或婴儿)来终止后期怀孕,便有权终止胎儿(或婴儿)的生命。辩论的焦点逐渐转移到怀孕中期,也就是当胎儿显示出生命征象,但还不能在子宫外存活的阶段。经验将会继续形塑堕胎辩论的各种观点。

同样的,我们可以思考一下有关死刑的道德辩论。基于宗教理由而支持废除死刑的人,最常引用的便是十诫的"不可杀人"。至于支持死刑的人则对这条诫命有不同的解读:"不可**谋杀**。"意思是说处死罪人并不算谋杀。他们认为杀害无辜的胎儿与杀害有罪的罪犯是不同的。主张废除死刑的人指出,死刑犯中不可避免会掺杂了一些被误判的无辜被告。死刑支持者的回应,是故意杀害无辜的人(如胎儿)与无意间杀害误信为有罪的人终究是两回事。他们引用宗教—道德概念中的"非故意效应"(unintended effect),认为只要某项行动并非有意造成不道德的结果,那么即便该行动在统计上不可避免将造成不道德的结果,该行动仍是可容许的。[4](然而,在同样这批道德主义者里,却有些人拒绝对以下两者作出区别:一种是故意针对非作战人员并试图尽可能杀害平民的恐怖分子,一种是尽力减少平民伤亡却在无意间杀死了部分非作战人员的民主国家。这纯粹是政治结果导向的双重标准所造成的道德伪善。)

反对死刑但却支持妇女堕胎权的人则提出另外一种区别:被处决的被告——即便是有罪的谋杀犯——是人,但胎儿并不是人。[5]对他们来说,无辜或有罪以及故意或无意,并非决定性的因素。真正的争议点在于被处决者是人而胎儿不是人之间的分野。*

＊ 别忘了袋鼠的例子!在现代科技辅助下,或许有这么一天,怀孕初期的胎儿也能在母亲子宫外"存活"。届时,辩论本身将会出现什么变化呢?

我在刑法课上讨论死刑时,曾询问有多少学生纯粹基于道德因素(杀死有罪的谋杀者本身即是错误的,即便此举能吓阻犯罪)而非经验因素(死刑并不能产生吓阻效果,在适用错误的状况下,反而使一些无辜者枉死)而绝对反对死刑。大约有一半的学生举手。接着我挑战他们:如果我能说服你们相信,相对于无期徒刑,每处决一个有罪的谋杀犯,就能避免一个潜在的无辜被害人遭谋杀,你们还会反对吗?有些人把手放下。如果每处死1人就能吓阻10件谋杀案呢?又有人把手放下。如果我们能避免冤狱,公平地执行死刑呢?又有人把手放下。我紧跟着问:基于道德立场,你们如何说明自己将有罪谋杀者的生命置于无辜被害人的生命之上是合理的?如果这么做合理,岂不是与不道德勾结在一起?主动杀害有罪的人与故意不作为而被动容许无辜的人死亡,两者之间真的有道德上的差异吗?还是有一些人坚决举手。这堂课证明了道德论证通常隐含了某种经验假定作为其立论的基础。如果事实改变——如果经验有了差异——道德结论就会改变,至少对某些人是如此。

并不是每个道德人都以绝对、非此即彼的眼光看待死刑论辩。有些人坚信,处决毫无悔意的杀人魔(如麦克维〔Timothy McVeigh〕)与处决已经社会复归的情境谋杀犯(如塔克尔〔Karla Faye Tucker〕),*两者截然不同。另一些人,如凯利(John Kerry),认为不该执行死刑,除了针对恐怖主义。天主教会一般而言反对死刑,除非死刑是唯一能保护其他无辜生命的方法。

这些及其他有着些许差异的观点并非先验假设的结果,而是源自

---

* 塔克尔23岁时偕同男友以大头棒将两名被害人殴打致死。塔克尔承认自己参与杀人,并表示杀人为她带来性快感。她被判处死刑。在等待处决的过程中,塔克尔说她经历了宗教皈依。她接受了基督教,并在监狱中的教堂服务。许多人基于塔克尔是个重生基督徒,现在已是全然不同的人,因此要求赦免她的死罪。塔克尔最后于1998年在得克萨斯州遭到处决。

实际执行死刑的经验。最近发展出来的 DNA 检验让许多被误判死刑的人得以洗刷清白,也使得人们的看法出现改变。关于因种族偏见而被判死刑的统计数据也同样改变了人们的看法。

  在此,我的重点不在于解决死刑或堕胎的争论,而在于证明这些争论的角度如何受到下列因素的影响:如何形塑议题、如何陈述前提、如何选择论述的层次,以及对于权利我们是仰赖经验还是外在来源。除此之外,我也证明援引神圣或自然的"生命权"并非论证,而是陈腔滥调。*

---

 * 生命权也广受干细胞研究辩论各方的引用。干细胞研究的支持者指出研究有助于拯救生命,而反对者则认为干细胞的使用将会贬抑生命价值。

第十六章

不受政府审查的权利存在吗？

不受政府审查的权利是个例子，可以说明权利源自我们的恶行经验。不受政府审查的权利当然不是来自上帝，因为上帝的发言人经常垄断真理。它也不来自自然，因为审查制度数千年来始终被奉为圭臬。经验显示，授权给主权者使之成为所有真理的裁判——如霍布斯所建议的——往往造成恐怖的恶行。基于这一点，美国立宪实验拒绝让政府拥有这种由来已久的权力。

美国的权利典范，是宪法第一修正案保障的言论自由。不过与大众看法相反的是，这项修正案并未赋予美国人一般性的权利，使每个美国人可以在任何情况下说自己想说的话。任何有关美国言论自由的讨论，都必须先搞清楚言论自由在美国实定法中的适用范围。在各种状况下都能自由发言的权利，事实上并不存在。如果你说了老板不喜欢听的话，他可以炒你鱿鱼。你的配偶会离开你。你的父母会惩罚你。你就读的私立学校会让你退学，你的朋友会不理你。唯有**政府**不会限制你的言论自由。

事实是美国宪法几乎未曾明确规定肯定性的权利，言论自由亦不例外。美国宪法事实上做的——尤其是通过《人权法案》——是限制政府进行某些活动的权力,例如言论审查或出版审查。

《波士顿环球报》2000年2月1日的专栏文章正可说明这个普遍误解。职棒大联盟因投手洛克(John Rocker)在接受访问时所作的种族歧视陈述,对其作了禁赛的判决。莱恩(Bob Ryan)在专栏中写道:

> 职棒大联盟的人听过美国宪法吗?每个上公民课的中学生都知道宪法第一修正案规定了言论自由。
>
> 这是个美好的国家,但不是因为它在让所有公民拥有言论自由的同时,却又不准他们发表以暴力推翻政府的言论……
>
> (洛克)不仅受到伏尔泰名言的保障。他还——或者说,至少他应该——受到美利坚合众国宪法的保护。美国之所以伟大,在于世界上许许多多像洛克一样的人物都有权起身透露自己的全然无知,正如我们每个人都有权利反驳他们无知到令人惊骇的观点……尖酸的批评受美国宪法的保护……践踏我们珍视的宪法权利不是我们想要的结果。

第二天,在《纽约时报》的专栏中,我写了以下文章:

> 尽管有这么一个普遍的神话,认为在美国,我们可以说任何我们想说的话,但事实上,《人权法案》并未赋予我们一般性的言论自由权利。
>
> 这是为什么大联盟执行长塞利格可以基于亚特兰大勇士队投手洛克在接受杂志访问时表达的种族歧视言论,作出禁赛与罚款的判决。

你的权利从哪里来?

的确,当星期一发表禁赛声明时,塞利格说,洛克"不仅让自己蒙羞,也让亚特兰大勇士队与职棒大联盟蒙羞"。

尽管如此,认为大联盟有权禁止洛克出赛,不表示禁赛的决定是对的。

宪法第一修正案禁止"国会"与——依现代的诠释——联邦及州政府"限制言论自由或出版自由"。因此,第一修正案是对政府权力的限制,而不是规定人民有任意发表言论而毋须担心任何后果的权利。第一修正案并未提到民间雇主、大学或运动联盟审查或惩罚那些表达与其意见不符之观点的发言者的权力。

因此,塞利格身为民间公司的执行长,对洛克禁赛一事作出独立决定,完全在他的权利范围之内。

问题在于塞利格的决定,违背了赋予第一修正案生命的言论自由**精神**。尽管宪法只对政府加诸限制,但第一修正案的前提,却是观念的自由市场应该存在。例如,宪法并未限制私立大学的权力,但绝大多数私立大学却选择遵循宪法,因为私立大学认识到观念交换有益教育,不管这些观念错得有多离谱,或多令人不悦。

一旦大学接受了这种开放性的论述模式,大学就无法合理宣称它因学生或校内成员表达的观点而"蒙羞",因为这些观点反映的,并不是整所大学的集体思考。

大联盟当然不是大学,观点的多样性亦非大联盟的核心本质。然而低级言论、戏谑、苛评与讥嘲在棒球赛中早已屡见不鲜。无论洛克的评论有多令人不悦,他仍有侮辱纽约与纽约人的权利。当洛克的言论涉及种族与族群偏见时,他确实逾越了界线，但他显然并不是第一个表达这种观点的球员。大联盟是否需要言论警察来监视在酒吧里与在烤肉会中的球员？还是要将范围局限在公开发表的言论上？那么球场上的讥嘲又该如何？既然大联盟想要执行这样的规则，它就得一视同仁。

塞利格可以聪明一点，不要给洛克禁赛处分，而是对外宣布大联盟信守言论自由，任何个别球员的评论不该被误解为整个职棒大联盟的意见。

这种做法可以避免洛克或其他球员"羞辱"比赛，也彰显了职棒大联盟对言论自由精神的尊重。

莱恩误解了第一修正案的范围，但他对伏尔泰的理解则相当正确；伏尔泰的名言，"我不同意你说的话，但我誓死捍卫你说话的权利"，反映出言论自由的精神。

法官意见将宪法第十四修正案——规定各州"不得未经正当法律程序剥夺人民的生命权、自由权或财产权"——解释为对第一修正案的扩充，使权力限制扩大到对各州以及所有政府人员如总统、州长、公立大学，等等。不过，第一修正案依然十分明确地只适用于所谓的"国家行动"，亦即所有政府或代表政府的人的行动。

言论自由的问题，引发了一个更广泛而一般的权利性质争议。美国的权利概念倾向于消极：政府无权限制某些活动；个人因此拥有权利，但只是相对于政府而言。言论自由虽然重要，但大致来说却是一种消极权利。我们可以公允地问道，它是否也应该成为积极权利。是否有积极的言论自由理论？这样的理论能否建立在经验之上，尤其是我们所经历的言论审查的恶行？

积极的言论自由理论引发许多争议:在开放市场中表达的多元观点,是否有利于对真理的追求?观念市场是否真的能够运行,特别是在一个市场被有能力购买媒体时间的人所严重扭曲的世界里?诸多经验证据显示,收看、收听或阅读某些新闻媒体的人会对显然错误的事情信以为真。[1]比起**反对**政府审查的经验论证,**支持**言论自由的经验论证的说服力要弱上许多。一个公民不会对各项议题公开提出意见的社会,也能够是良好而端正的社会,只是有些乏味。斯堪的那维亚国家的公共争议要比美国及其他欧洲国家少得多。然而这些"宁静"社会的自由、正义或公平程度却不比"嘈杂"社会逊色。不过,一个政府审查体系决定公民可以说什么、写什么、读什么或听什么的社会就完全是另外一回事。有人说,一开始敢于焚书的政府,最后必定敢于焚烧人民。这种说法或许过度概括了历史,但它却指出了重点:实行政府审查通常会引起其他恶行,例如告密、搜查、宣誓效忠、胁迫与拷问——这些行为往往隐藏在审查制度之中。

就算没有这些随着审查制度而来的后果,如果公民可以读什么、看什么与听什么全都必须听从政府的命令,历史仍然清楚地显示出其中所隐含的危险。通往不义的道路,往往是从政府对信息的控制开始的。以过去的经验为基础,我们可以发展共识,这个共识未必是关于言论自由的**德**,但绝对会是关于政府检查制度的**恶**,特别是事前的言论限制。

美国《人权法案》并未确立表达自由的一般权利:公司、大学、教会、家庭与其他非政府实体不需让它们的成员拥有表达意见的自由。唯有政府不能借由国家审查来"限制"言论自由。这项源自我们不义经验的核心权利,使得我们卷入一场有关其适当范围的无休止辩论:政府是否可以限制富人在言论自由方面的支出,好为不太富裕的人理出一块平整的政治运动场?"纯粹"政治言论的宪法保障地位是否高于商业言论或者性言论？为促进平等或其他社会福祉，政府是否可以审查某些种类的言论，例如色情、种族主义或历史虚假信息？上述的例外情况都是理性人士争论的议题。反对这些例外的人以一种与主张政教必须明确分离的人相当类似的论述方式指出，政府的任何审查权力，不管是权力本身，还是权力行使的结果，都会造成恶行；另外一些人则主张，这些例外是通往全面审查的第一步。再一次的，我们毋须静待积极的言论自由权理论发展完成，我们可以由下而上，以反对过去造成不义的政府审查制度的广泛共识为前提，来建立核心权利。

杰克逊大法官从第二次世界大战的恐怖中得出基本结论，认为权利来自于恐怖经验，他的话几乎无人反对：

> 如果宪法星座中存在着一颗不变的恒星，那必定是无论官员职位的高低，都不能规定什么是正统的政治主张、民族主义、宗教信仰以及在其他任何重要事务上的意见，也不能强迫公民以言行来表达他们内心的信仰。

这个坚实的经验基础，可以用来建立更为完善的表达权与其他基本权利理论。

在恐怖主义阴影笼罩下的今天，对言论自由的"限制"引发了热烈讨论。言论自由的范围是否包括恐怖主义的宗教煽动，例如每个礼拜在中东与世界各地的清真寺中所听到的？是否该让诸如审理卢旺达事件的国际法院，拥有起诉发送种族灭绝指示的广播电台的权利？

另外，还有是否该限制民间媒体集团在选战中选边站队的问题。美国的媒体，特别是电视，是否该遵守"公平"或"相同时间"的限制？

国际网络的发展与我们对这种强大的信息体系的经验也产生了前

所未有的重大问题：在这种鼓励匿名而且又没有能负责的"出版者"的跨国媒体里，如果发生诽谤与侵犯隐私事件，该如何管制？

引发言论自由限制讨论的新经验很多，以上提及的只是一小部分。这些问题无法很快获得解决，主要的原因在于我们仍无法建立逻辑完整并被广泛接受的积极的言论自由权理论。然而当下——在生命里，每个时刻都是当下——我们还是可以基于我们经历过的政府有权规定我们可以说什么、读什么与最终相信什么的可怕恶行，来建立一个有说服力（就算并非绝对）并且能用来对抗政府检查的权利。

第十七章

要求政教分离的权利存在吗？

政教分离是另一个以恶行经验为基础的例子。讲理的人对于政教之间应有的理想关系可以有而且也确实有不同的看法：政府是否应该对所有宗教与广义的宗教保持完全中立的态度？在公共论坛上，国家是否应该对宗教言论作出差别待遇？政府机构是否应该在一些共同议题上与宗教机构合作，如消除贫穷、避免青少年怀孕与性病防治？

我们很难在历史上找到理想的政教关系，但糟糕的政教关系却屡见不鲜：当国家将某特定宗教立为国教，并以政府的军事、警察与经济力量来扶助该教会的宗教意识形态时，宗教将会腐化，并剥夺公民的良心自由与选择宗教的自由。结果便是十字军东征、宗教裁判所、迫害"女巫"，以及国家撑腰的宗教恐怖主义。

历史经验——在许多教会领袖、政府官员、公民自由意志主义者与道德哲学家之间——造成广泛共识，认为政府不应以武力或财力建立特定教会与支持该特定宗教意识形态；政府也不应剥夺个人信仰宗教的自由，即便该宗教被大多数公民视为是"错误的"。（严格来说，要求政教分离的权利不仅是个人权利，也是广泛制衡体系的一环，不过我们的经验显示,个人的宗教自由权利总是与政教分离紧密交织在一起,因此我们可以合理地将它们想成属于同一个包裹的元素。)

从由下而上的结论中,我们可以并且也已经如此主张,权利内容应源自人类的政教关系经验。以这些经验为基础,有些人认为区隔的高墙必须立于教会的"花园"与国家的"蛮荒"之间。这个有力的隐喻,让关于宗教自由与免于宗教的自由——两者为一体两面——的辩论变得更为鲜明。(麦迪逊与杰斐逊比小布什与法威尔〔Jerry Falwell〕更了解,没有免于宗教的自由,就没有宗教自由,因为对于宗教狂热者而言,只会有一个真正的宗教,其他宗教都属异端。)严格的分离主义者认为,这堵高墙应该禁止政府协助(广义的)宗教从事世俗工作,即便政府并未支持特定宗教。有些人认为国家不应该发给宗教许可,其他人则认为发给宗教许可是建立国教或偏袒特定宗教的开始。

在这场辩论背后,潜伏着几个深入人心的景象:圣女贞德(Joan of Arc)被烧死在火柱上、伽利略(Galileo Galilei)被软禁并被迫放弃太阳中心说、犹太人被赶出西班牙与英格兰、耶稣被钉上十字架。这些可怕的经验形成了共识:每个人都有选择特定宗教或不选择宗教的权利,并无须因此惧怕受到国家的迫害或歧视。这些经验也影响了关于区隔之墙究竟该有多高的辩论。

由下而上的取向的优点在于其拥有最基本的共识、以不义经验为基础,并且在共识之外有进行理性讨论的空间。我们无须静待将政教彻底分离的权利理论发展完成。由下而上的取向永远是个持续进行的工作,以核心经验为基础,并随着新经验而变迁。

关于政教之间应该维持何种适当关系的讨论,受到许多新经验的影响,其中之一是宗教与恐怖主义在某些文化中的密切联系。拥有大规模毁灭性武器的神权国家具有极大的危险性,如伊朗与巴基斯坦,特别是当它们的国教是天启的,而它们的赏罚主要在于来世时。对许多人而言,在国家的军事力量与教堂、清真寺或犹太会堂的宗教力量之间建筑一道高墙的论证,将因拥有核武的激进宗教国家引发的新危险而更具说服力。

不管政教在乌托邦世界中该有怎样的理想关系,经验显示,国家的军事力量在任何情况下都不该协助宗教执行教义。

第十八章

迁徙的权利存在吗?

某个特定权利为什么胜过另一个特定权利?对此,我们可以用迁徙到其他国家或地方的权利为例,来说明其中的经验基础。许多人并不认为迁徙的权利在基本人权中占有很高的位阶。有些人甚至不认为它是权利,因为他们认为留在祖国的义务更为重要。在 19 世纪,移居外国的权利在满腔民族主义的法国人眼中几乎等同于叛国。当然还是有一些不满分子选择移民美国或加拿大,不过他们并不是"真正"的法国人。

犹太人的独特历史与经验,使得他们格外看重移居国外的权利。"流浪的犹太人"为了逃避迫害而漂泊于各国,有时出于自愿,有时则是因为遭到驱逐。从犹太人被罗马人逐出巴勒斯坦到以色列复国为止,在这段一千九百多年的时间里,犹太人一直没有祖国,而收留他们的国家也不把他们当成一等公民,因此有些犹太人在面对迫害时,并不认为自己对自己身处的国家负有什么民族主义的义务。如果当初犹太人没有行使他们的迁徙权利,从欧洲移民到美洲,尤其是在 19 世纪与 20 世纪初,可能会有更多的犹太人在犹太人大屠杀中受害。

犹太人不是唯一感到必须移居国外的民族。美国人的祖先绝大多数都在面对饥荒、贫穷、宗教迫害与暴政时行使了类似的权利。此外，行使该权利的人——或他们的子孙——绝大多数都从中获益良多。这些人在美国这个收容他们的国度中受到良好待遇，并成为其中的重要部分。作为成功移民者的国家，美国倾向于承认迁徙权利的重要。不需要行使或无法顺利行使迁徙权利的人，通常不太能认识到该权利的重要性。此外，被逐出故国的人珍视"返乡权利"的程度可能远高于离乡权利，尤其是当他们在异邦受到苛待时。

阿拉伯与以色列之间的争端之所以难解，在于巴勒斯坦人主张他们有返回故土的权利——巴勒斯坦人相信自己被逐出自己的故土，并在寄居的国度中经常受到苛待。以色列人几个世纪以来一直不得返回故土，他们主张自己有在故土重新建国的权利，尤其在犹太人遭到大屠杀之后。《回归法》(Law of Return)——世上所有的犹太人都有资格取得以色列公民身份——被视为犹太国最基本的法律之一。若欲理解《回归法》的重要性，必须对犹太人的历史与经验背景有所了解，特别是他们在纳粹时期的经历，当时几乎每个国家都拒绝收容犹太难民，就连以移民国家自居的美国与加拿大也是一样。如果其他国家为犹太人敞开大门，数百万人将因此逃出希特勒的火炉，因为纳粹原本的目标就是要将犹太人赶出欧洲。许多犹太人相信，如果犹太人遭到大屠杀期间存在以色列国，它敞开的国门将能拯救许多犹太人。

第二次世界大战结束之后，控制巴勒斯坦地区的英国对于返回巴勒斯坦的大屠杀幸存者人数作了严格限制。许多犹太人为了规避这些配额而死亡或受到监禁。因此我们完全可以理解，新成立的以色列国首先制定的法律为何会是回归权。如果真如霍姆斯所言，"法律的生命始终是经验"，我们就能明白，为什么犹太人会将各地犹太人向犹太国寻求庇护的权利置于离开或遭受驱逐的巴勒斯坦人返回故土的权利之上。现在一些从未经历过必须离开仇恨国度的年轻以色列人,在看到巴勒斯坦人的苦难后,感到有必要废除或限制《回归法》。这并不令人惊讶。即便在同一个社会里,历史经验也存在着代沟。

这里的重点不在于指出以色列与巴勒斯坦的冲突,而是在于说明一个民族的独特经验与记忆,会如何影响他们看待与评价特定权利的方式。移居国外或返回祖国的权利并非来自造物主或自然。这个权利也无法从民主逻辑中演绎出来。它源自特定人群的特定历史经验。

美国历史上也有可以说明权利如何随经验与环境变迁的例子。1776年,许多品格高尚而充满道德的新英格兰人相信,在最基本的政治权利当中,有一项是脱离母国建立独立国家的权利。之后不到一个世纪的时间,这些品格高尚而充满道德的新英格兰人的后裔却发动了一场血腥战争,以阻止南方各州行使类似的权利。[1]时过境迁,而这正是重点。不同的环境与经验产生不同的权利概念。此外,与权利相关的论证逐渐抽象化,也使得论证更能令人信服且减少了矛盾。举例来说,一些支持脱离联邦的人将焦点集中在自决的权利而非蓄奴的权利上,相反,反对脱离联邦的人则认为脱离联邦是奴隶制度造成的。

虽然移居国外的权利看起来与进行同性性行为的权利相当不同,但两者的来源其实有共通之处。经验都深刻影响了人们对这两种权利的态度。圣经认为男性之间的性行为是可憎之事。现代有许多宗教保守派人士也认为这是不敬神的、不正常的、偏差的、病态的、不道德的甚至是犯罪行为。许多自由派人士认为这是基因决定,其他人则认为这是与道德无关的生命选择。有关同性恋的道德评价已经变了,而且也将持续变动下去。同样的,法律也变了。圣经准许处死与男性行淫的男性。新英格兰殖民地的法律完全复制圣经的惩罚方式。杰斐逊草拟的立法将鸡奸入罪化。20世纪,鸡奸一开始被当成重罪而判以监禁,之后则被当成轻罪而很少予以惩罚。现在,西方社会几乎不认为这种成人之间的私人合意行为该是刑事体系关心的事项,唯一留存的只剩过时的法律,而这些法律也在2003年由联邦最高法院废除。这种改变并非源于上帝心意的改变、逻辑演绎的不同,或是人性的变化。它完全是我们对同性恋与同性恋者的经验随时间变迁的结果。当越来越多的同性恋者"出柜",我们也看到他们身为老师、军人、民选官员与牧师的杰出表现。我们为田径场上的他们加油,观察他们与他们的子女互动的方式,在他们被伤害或被杀死时为他们哭泣。迫害我们认识并欣赏的人,或是冷眼旁观他人对他们的迫害,并非易事。

与同性恋朋友、亲戚与邻居相处经验的改变,使美国逐渐产生一种共识,认为同性恋者也该与一般人一样能享有许多政府津贴的基本权利。不过,婚姻权的问题至今仍无共识。这是可理解的,因为我们缺乏同性结婚的经验,而对大多数美国人来说,同性结婚仍是个抽象概念。随着越来越多同性结婚的例子出现,而经验也证明——如它将会证明的——同性结婚并不会对"神圣"的异性婚姻制度造成危险,我们将会看到反对同性结婚的声音逐渐减少。趋势很明显是朝这个方向走。年轻一辈要比老一辈更能接受同性婚姻,因为他们有较多与同性恋同学、教师、同事与朋友相处的个人经验。[2] 很快,大多数美国人将会了解,在婚姻领域对同性伴侣进行差别待遇是错误的。对这种错误的认识,将构成同性伴侣结婚权利的基础。

无论是移居外国的权利,还是同性结婚的权利,几乎每一种新承认的权利都是基于人类经验到或观察到的恶行而创造的。这个动态过程将会持续到人类经验结束为止。

第十九章

动物有权利吗？

到目前为止，我们已经大致思考了许多当代民主国家——至少在某种程度上——承认的传统权利。为了说明经验取向对未来新权利的发展所带来的效用，现在我们要讨论一些至今仍未受到广泛承认但未来却可能因经历变迁而确立的权利主张。我们先谈动物权。下一章则会讨论死人的权利。

当我们谈到动物权时，我们实际上指的是什么？我们指的是动物本身有权利吗，例如不被折磨？还是指人类有权利不去经验动物受到折磨的情景？动物权是谁的权利？动物权重要吗？

禁止食用仍活着的动物，是圣经中最早出现的律法之一（《创世记》十章四节）。* 圣经也禁止人类与动物交媾（《出埃及记》二十一章十九

---

* 《创世记》十章四节的原文是："雅完的儿子是以利沙、他施、基提、多单。"与文意无关，作者可能是指《创世记》九章四节，其原文是："惟独肉带着血，那就是他的生命，你们不可吃。"——译者注

节、《利未记》十七章二十三节）。* 这些规则似乎用来保护易受伤害的动物,但另外的规则却要求处死与男人或女人交媾的动物(《利未记》二十章十五节至十六节)。以动物献祭的规定,在圣经中到处可见,人类宰杀牲畜也有一定的律法。总结来说,这些规则似乎大半是仪式性的,目的在于保持人类的洁净与神圣,而非为了保护动物的权利。事实上,圣经明白宣示人类应"管理"动物,而动物则被"交付"在人类的手中(《创世记》一章二十八节、九章二节)。

理论上,神圣或自然法取向可以涵盖动物所固有的权利,因为权利来自外在来源——上帝或自然——所以权利能够授予任何存在或物体。上帝可以将权利赋予树木、河流、森林或岩石。[1] 如果诠释自然的人选择让动物拥有权利,自然也将赋予动物权利。实定法也能制定权利给非人类,但这类权利乃是人类决策的产物。是否要将权利延伸到人类物种之外,完全取决于人类。**

另外还有一些与上述权利来源并不完全相似的例子:可创造权利者,将权利授予被排除于权利授予过程之外者,例如慈善的专制者授予有限的权利给没有投票权的臣民,奴隶主授予有限的权利给奴隶,有投票权的男性授予有限的权利给无投票权的女性,成人授予有限的权利给儿童,心智健全者授予有限的权利给心智不健全者,等等。即使这些

---

* 《出埃及记》二十一章十九节的原文是:"若再能起来扶杖而出,那打他的可算无罪,但要将他耽误的工夫用钱赔补,并要将他全然医好。"与文意无关,作者可能是指《出埃及记》二十二章十九节,其原文是:"凡与兽淫合的,总要把他治死。"另外,《利未记》十七章只到十六节,并无二十三节,或为十八章二十三节之误:"不可与兽淫合,玷污自己,女人也不可站在兽前,与它淫合,这本是逆性的事。"——译者注

** 被历史描绘成疯狂暴君的罗马皇帝卡里古拉(Caligula),据说曾计划将他的爱马晋升为执政官,这是一个非常崇高的政治职位。然而史家认为这则故事不过是"著名的传说"。H. H. Scullard, *From the Gracchi to Nero: A History of Rome from 133 B. C. to A. D. 68* (London: Routledge, 1996), pp. 283—285。

权利的接受者并未参与权利赋予过程,这些权利还是**归属于**臣民、奴隶、女性、儿童与心智不健全者,他们甚至可以援引权利来对抗长上。如爱丽丝所说,"猫也可以见国王。"

我们能够理解适用于其他人类的权利的概念,即使我们在政治、法律或其他方面上认为他们是次等的。但要思考适用于非人类的权利却十分困难。当我们用隐喻的方式说树木、河流与森林拥有权利时,我们真正的意思是指人类有保护环境的权利。虽然我们的孙子女与曾孙子女此时尚未表达他们的意愿,却有权利要求我们为他们留下一个不受污染否则将会毁灭的地球。这是**他们的**人权,如同它也是我们的人权一样,这种权利绝非属于任何特定的树木、河流或森林。(这种权利也不属于任何特定个人,不管出生或未出生。)

动物不同于河流。它们有感受能力,能感觉痛苦与恐惧,也拥有记忆,至少是某些动物。如霍姆斯所言:"即使是狗都能分别绊倒与被踹一脚的不同。""猫拥有不被折磨的权利",这段陈述要比"树木拥有不被劈成柴堆的权利"容易理解。身为具感知能力的存在,我们对于受折磨的动物的痛苦与恐惧感同身受。但这是否表示动物拥有(或应该拥有)不被折磨的权利?抑或只是身为人类的我们有权利生活在一个不能容忍动物受到折磨的社会里?[2](另外一种更实用主义式的人类中心取向认为,禁止折磨动物或许可以建立在经验性的主张上,即允许折磨动物可能会变相鼓励对人施加暴力,或是折磨动物的人很可能下一个加害的对象会是人。)[3]

在无故折磨的脉络下,或许我们如何看待动物权并不会有太大差异,因为不管是哪一种讲理的理论都不会允许折磨动物,然而如果将动物权摆在吃动物的肉、穿动物的毛皮以及进行动物实验的脉络下,该如何思考就有讨论的空间。如果权利属于动物本身,我们必须问,如果我们不准人们为了悖理的愉悦而折磨动物,为什么我们允许(或应该允许)人们为了口腹之欲或时尚的愉悦而杀害动物。(如果动物有不被杀死的权利,人类是否有义务阻止狮子猎食绵羊?)如果权利属于人类,我们就比较能够在这种权利与人类的需要和欲望——例如足够的营养、美味的饮食、时尚的大衣或人类疾病的治疗——之间作出权衡。然而如果权利属于动物本身,(能够在此议题上投票的)我们如何能在我们的需要与(无法参与投票的)动物的权利之间找出适当的平衡点?

另外还有一个理论性的问题,就是动物权源自何处?人类与动物之间显然无法订定社会契约。康德的令式与边沁的计算似乎只局限于人类。如何将动物安放在罗尔斯的"原初境况"中?若提及自然,则任何动物权都会立即遭到否定,因为丛林法则是以力量而非权利为基础。至于上帝则命令人类管理动物,也赋予人类食用动物(或至少是某些动物)与驯养动物的权利,但必须遵守一些仪式限制。这些仪式限制当中,有些隐含了对动物本身的关切:杀牲的规则,以及驯养的牲口也拥有安息日的诫命。但这些限制的对象似乎是人,而非动物本身。其实绝大多数以宗教为基础的权利都以人类为中心,这是因为宗教认为人类拥有灵魂,而动物没有。* 支持较世俗性的自然权利理论的人也许会以**意识**或**感知能力**取代**灵魂**一词,但他们仍明确主张人类权利与其他物种的权利应作区别。

对于反对造物主或自然外在命令所规定的范畴区分的人来说,人类与动物之间并无明确的自然界线。我们全都处在灵魂、意识、感知能力以及恐惧与疼痛的感觉能力的连续体上。有些动物比有些人类更靠

---

* 甚至灵魂的存在也曾一度被认为是可在科学上证明的,19世纪有位伪科学家就曾为临终者测量死前灵魂存在与死后灵魂离开之间的体重差异。这位伪科学家声称他量出了人类灵魂的精确重量,但他并未测量濒死动物的体重变化。

近连续体上人类的一端。不过我们坚持为**所有**人类创造一个独立的范畴。故意杀害心智严重受损或永久昏迷的人类是谋杀,杀害受过训练而感受敏锐的灵长类动物或海豚却不是谋杀。我们坚决维持(或建构)这样的明确区别,因为我们惧怕连续体所带有的不确定性。一旦我们允许自己物种的成员遭受与我们对待其他"低等"物种的成员相同的对待方式,我们等于是让人们拥有自行决定他人"价值"的权力。绝对界线的建构被视为是用来对抗滑坡的保护措施。它能作为一道藩篱,让具有感知能力的人类不被谋杀的核心权利能得到保障。

对人类价值采取连续体取向所隐含的危险,可以从我们利用及不当利用动物的历史得到充分说明。一开始,动物被用来维系人类生命。我们需要动物的肉止饥、动物的毛皮抵御风寒,以及动物的骨头制作重要器具。* 时至今日,世界上只有少数地区的人口还需要以动物维系生命,绝大多数人主要都是利用动物提升生活品质。我们利用动物测试化妆品或制造奢侈品。我们也为医疗目的而利用动物,有些可能可以救人一命,有些则是为了延长寿命。对很多人来说,动物的生命根本不重要。如果我们能基于**任何**目的而利用动物,我们就能基于**各种**目的而利用它们——只要能减少不必要的痛苦。

对有些人来说,为动物的适当利用划定界线乃是道德生活的关键,不过界线该划在哪里,说法不一。严格的素食主义者绝不吃肉,而更严格的素食主义者则绝不使用动物制品。有些人把界线划在哺乳类动物,或灵长类动物,或有"脸孔"的动物上。有些人吃肉但不穿毛皮。许多人食用动物但不猎捕动物,另一些人则只猎捕数量多的动物,例如鹿,而不猎捕稀少或濒绝的动物,例如鲸鱼。有些人支持为了健康而非

---

* 还有基于自卫而杀死危险动物。这种情况现在仍旧存在,只是规模大不如前。

化妆品所做的动物实验。少数人反对动物"所有权",而倾向于动物"监护权"。也有团体反对马戏团、烙印牲口、赛马与赛狗、动物园,以及马术比赛。另一方面,也有人支持斗鸡、逗熊乃至于以动物献祭。许多环保人士反对为了满足人类需要而砍伐雨林、丛林与其他动物栖地。甚至还有人认为大型猿类应该拥有人权。[4]

一旦我们将动物生命的价值放在连续体上,一切都只是程度问题。划定适当界线的自然判准并不存在,只能以个人的好恶来决定。人类生命当然也可以是程度的问题,这一点可以从下列这些几千年来人类始终未曾得出共识的生死议题的论战中看出:生命何时开始与结束?剥夺杀人犯或侵害犯的生命是否适当?发动义战、预先自我防卫可否允许?然而有一点是举世认同的,即人类生命具有很高的价值,唯有高价值之物才能与其相提并论。动物生命未能获致如此近乎普世的观点。我们当然不希望身为物种之一的人类以长久以来对待动物的方式对待他人。

为了避免这种情况,我们作了略嫌独断的决定,我们将自己这个物种挑选出来,让每个所属成员都能受到不同于其他物种的较佳待遇。这种做法是否会让我们背上物种主义的恶名?当然会,而我们唯一可以将它合理化的理由,就是在我们生活的世界里,游戏规则的制定者是人类自己。这个事实使我们拥有特殊的责任,必须公平而怜悯地对待受我们的规则约制的其他物种。这便是动物权的论据。[5]

支持动物权最强有力的论证来自人类的历史与经验。比较尊重动物生命的社会,往往也是比较尊重人类生命的社会。比起无视动物痛苦的社会,人们更愿意生活在试图减少动物痛苦的社会里。然而这个论证不一定表示吃素的社会总是比吃肉的社会来得好。据说希特勒是素食主义者,而纳粹党卫队对待自己的狗一定比对待犹太人和吉普赛人好得多。这个论证也无法用来反对以动物进行医学实验的必要性，因为历史与经验证明，以动物生命来维系人类生命的社会，可以是适合生活的良好而体贴的环境——至少是对人类而言！这个论证其实只是主张，对于人类来说，无故造成动物的痛苦是不好的，而对于任何人类社会来说，容许无故造成动物痛苦也只有坏处。这是个为人类中心的动物权取向作出的软论证。它要求人类在既有需求与动物利益之间做权衡时，必须考虑动物的痛苦并试着将痛苦降到最低。（如同我们在创造就业机会与进行商业活动时，必须考虑并试图将环境破坏降到最低一样。）

　　这个为人类中心的动物权取向作出的软论证，了解到正直的人类数千年来所做的一切，并且暂时不对广泛的动物权作出最后决定，直到未来我们的历史与经验能让人类不再利用动物作为食物、衣物或实验对象。随着我们了解的动物经验越来越多，我们也许会改变我们的动物权观点。很可能在数世纪之后，与我们的经验完全不同的子孙，将很难理解正直的人怎么会像我们一样如此对待动物。

第二十章

死者能对自己的器官主张权利吗？

时至今日，法律已承认我们对死后保持遗体完整的权利主张，即使我们的器官可以用来挽救他人的性命。也许到了未来，因器官衰竭而濒临死亡的人也能主张死者器官的使用权。道德社会该如何评价这种权利？在我们回答这个问题之前，或许有必要先大致了解与人性相关——尤其是与遗体相关——的社会制度所扮演的角色。

法律、宗教、风俗、传统与道德都有共通之处，它们是某种影响与改善人类行为的机制——让人类的行为不那么"自然"。这些机制的前提假设，是一旦少了外在的行为规则，大多数人都将自私自利（我定义的**自私自利**也包括自己的家庭）。[1]规则可以让人打消念头，避免人们在面对特定情况时基于自私的成本效益分析而作出只为个人着想的决定。规则将义务加诸个人身上，要求个人在思考时得更一般、更广泛、更定言、更利他与更共同体一点——也就是说，得更道德一点。这些规则禁止不同的行为范畴。有些规则禁止重大邪恶，例如杀害无辜的人。有些规则禁止某些本身并非不道德但却会导致重大邪恶的行为，例如超速或酒醉驾车。还有些规则似乎只是用来制约人类，使之接受对欲

你的权利从哪里来？

望或本能的限制,包括人为的限制,例如不准食用某些食物,或是不准做出某种仪式上不洁的行为。

法律、宗教与道德规则试图让人难以依照自私的本能来保守自己与家庭,并且要求人们接受——事实上是加诸义务——以更广泛的原则为基础来行动。这些特定原则因人而异,取决于你是康德主义者、(行动或规则)功利主义者、圣经信仰者还是其他规则的追随者,然而无论如何,这些机制都很类似:它要求你在行动时不该认为自己的决定只是个单一事件,而应该是一组有原则的相互拘束义务中的一环。

举例来说,我们可以思考同类相食的问题。首先从食用死者遗体开始。在缺乏法律、道德、宗教等规则的状况下,凡是具有理性但却快要饿死的人——如救生艇上的船员、在丛林中迷失的军人以及遭受围攻的城池——都会毫不犹豫地吃掉死者身上的肉,如同他们会毫不犹豫地吃掉死亡动物的肉一样。也许有人认为,人类只要想到吃同类的肉就会"自然"感到恶心,即使他们毋须为这些人的死负责。然而人吃人确实存在于人类历史与世界各地。我们之所以觉得吃人肉很恶心,是因为法律、道德与宗教的制约使得我们如此感觉。如果我们成长于惯吃人肉的世界,吃人肉就会跟吃动物肉一样不令人感到恶心。或许有一天当人工食物成为另一种简单的选择,我们的曾孙子女很可能只要一想到食用曾经活着的动物的肉就会感到恶心,就跟我的祖父母与父母只要一想到吃某种动物的肉就会感到恶心一样,如猪与龙虾。

为什么我们不能吃人肉?对某些人来说,答案很简单:上帝告诉我们不能这么做。但波利尼西亚人的神祇却认为吃人肉是可允许的。要是我们的上帝说吃人肉是可允许的呢?将相同的问题放在不同的抽象层次上:为什么我们的上帝——或者是那些以他之名而作出这种声称的人——选定人肉为不可吃的食物?在一个这么多人挨饿的世界里,这种做法似乎过于浪费。或许答案在于滑坡谬误。如果我们允许吃掉某个死掉的人的肉，我们也许会更容易为了想吃他人的肉而杀人，正如我们对待动物一样。因此我们才创造了预防的规则——或者用塔木德（Talmud）的话说，我们在核心禁令外围树起一道藩篱。核心禁令是杀人；藩篱是禁止食用已死之人。

或许在不许吃人肉的背后，还存在着另一个核心原则。人体是否是神圣的？人体是否绝对不可作为拯救其他生命的工具？这些问题的答案一定是否定的，因为在出现亟须器官移植才可活命的病患时，我们并未禁止摘取死者器官，将它移植到这个病患身上。"摘取"死者的肉来拯救他人性命与"摘取"死者的器官来拯救他人性命，两者之间在原则上究竟有何差异？这不可能只是个人偏好的问题。如果真只是个人偏好的问题，我个人可能会反对这种区分，除非有人能提出具说服力的论点。如果我死了，我会毫不犹豫地让我的肉被吃以拯救其他人的生命，如同让我的心、肾接受摘取移植一样。我不会主张死后身体的所有权，我签下的器官捐赠书可以证明这一点。如果真有肉体捐赠书，我也一样会签下它——除非肉体捐赠涉及某种更大的原则。

移植器官与吃人肉当然是有差异的。器官一般都是用来救命。这里面有一对一的关联性。而吃人肉则可以只是一种口欲，而非出于必要。事实上，只有出于救命的绝对必要，我们才允许吃人肉，例如船难以及发生于1972年的安第斯山著名空难事件。我们并不希望吃人肉成为例行公事。如果人们开始为了纯粹爱美而移植死人的蓝色眼睛，或许我们也会开始以同样的态度看待器官移植。[2]

即使——或许该说特别是因为——器官可以救命，我们仍担心移植会变相鼓励杀人以谋取器官。这种情况显然存在于今日世界的某处。对此我们建立了藩篱来保障人们免予因器官而遭到杀害。一个拥有道德、宗教信仰与守法的人如果知道有人因器官被杀，他不会想要移植这样的器官。[3] 如果我们愿意，我们可以建立更高的藩篱：禁止使用死者器官，正如我们禁止使用死者的肉一样。

当器官移植首度成为事实时，一些宗教团体明确提出这样的观点：人体是神圣的；人体必须与所有器官一起合葬；取走任何器官，哪怕是为了救人，都是一种亵渎。主流宗教现在已不采取这种立场，它们绝大多数都容忍或鼓励器官捐赠。(有些只鼓励受赠而非捐赠，但这是一种令人无法接受的自私道德立场。)道德领袖应该鼓励追随者将死后的身体视为一种可进行生命再利用的东西。视野应该基于拯救生命而改变，如此可以增加而非减损生命的价值。可利用的器官被摘取后的死者身体，应成为尊重生者身体的象征。重点在于我们如何看待此事以及我们要如何教导自己的孩子。剖开死者的身体让生者能延续生命，不管使用的是死者的心脏还是肉，并无所谓"自然"或"不自然"的问题。

为了倡导对生者的尊重，我们必须先尊重死者。与其说这是死者对自己遗体的权利，不如说是生者要求他人尊重他所挚爱的人的遗体的权利。亵渎墓地或尸体是犯罪。我们要求病理学家应以维护死者尊严的方式检验尸体。我们带着尊重处理尸体。士兵冒着生命危险寻回死去战友的遗体。我们这么做不是因为它关系到死者，而是因为它关系到生者。历史教训告诉我们，不尊重死者遗体与安息之所的社会，往往也会轻视生者身体与生命的价值。不管是将遗体与器官**合葬**，还是**摘除**器官只埋葬遗体，对死者的尊重都同样来自教育与培养，而非神圣法或自然。在某些社会中，尊重死者，意味着尸体必须运往遥远的山顶，好让猛禽将遗体吃个精光。这是生命的循环！

堕胎的问题也是一样。反对堕胎的人认为，如果我们觉得活生生的胎儿的"死亡"无关紧要，我们将更容易贬低婴儿、心智迟缓者、囚犯、犹太人、黑人、敌人、陌生人生命的价值。另一些人则主张,强迫妇女生下不愿生下的婴儿,贬低了儿童的生命与母亲的福利。对所有道德人士来说,并没有一个自然正确的答案。

还有一个相对没那么具说服力的例子可以用来说明核心禁令的藩篱,就是禁止买卖象牙。原则上,使用死象的长牙并没有什么不对。然而一旦允许象牙贸易,大象将因象牙而遭到猎杀。因此,我们试图让象牙成为不道德而非法的商品。* 试图禁止穿戴皮草的人也是基于类似的理由。同样,我们可以在原则上区别从死去动物身上剥取毛皮与为了毛皮而残杀动物之间的不同,但历史教训告诉我们,允许前者将会助长后者。因此,我们看到同样的原则再度运作:我们将看似不理性的禁令加诸无害的资源使用之上——死人的肉、死象的长牙、死去动物的毛皮——为的是防止核心原则遭到违反,即为了取得商品而进行杀害。

当然还有另一种中间取向。我们在严惩为象牙而杀害大象者的同时,也可以鼓励人们从自然死亡的大象身上取牙。经验将会证明,为了防止大象被杀,我们是否真有必要全面禁止所有象牙买卖(或使用)。或者,我们也能在为取用毛皮而专门饲养的动物与野生动物之间作出区别。决定我们用来保护核心价值的藩篱该有多高的,终究是经验,而非抽象的自然规则。

藩篱概念承认权利建筑在我们的恶行经验之上。正是恶行的经验,要求我们提防滑坡的危险——即有些人在立论时,会将论证推演到逻辑极端乃至于超越逻辑界限的倾向。讽刺的是,正是人们对道德相对主义、情境伦理学与连续体的经验,使得有些人主张绝对与清楚的界

---

* 象牙不同于食物或可移植的器官,它并非必需品。象牙是奢侈品。但对那些生计仰赖取得与贩售象牙的人来说,奢侈品与必需品之间的界线并不是那么清楚。

线,并且假托(或说服自己相信)这些绝对与界线来自造物主或自然。

支持绝对且清楚的界线而非连续体的论点有其合理性,其基础在于人类经验。这种情形不断出现在美国的法院中,有些法官认为,宪法条文绝对限制政府权力,其他法官则认为,同样的条文存在着例外与合理原则。布莱克大法官认为,第一修正案规定国会"不得立法……限缩言论自由",其**不得**二字指的是**没有例外**。法兰克福特大法官主张,根据合理原则,政府可以立法限制某些具危险性或侵害性的言论。当政府律师主张例外时,布莱克会拿起他那本破旧不堪的宪法,诵念"国会**不得**立法……"并在念到"不得"二字时敲桌子。法兰克福特则嘲弄布莱克,他打开他自己的那本宪法并诵念同一段话,不同的是他是在念到"国会"二字时敲桌子,他强调宪法条文禁止的,只限于联邦政府的一个部门,并不包括各州或行政、司法部门。

布莱克是法律实证主义者与实用主义者。他不认为他所坚持的绝对原则是来自于上帝或自然。相反,他认为,宪法制定者是基于自身对司法裁量与滑坡的负面经验,而决定对某些政府行动施以绝对的限制。法兰克福特则较信任精英法官及其合理诠释宪法禁令的能力。他们的不同态度源自各自的独特经验,布莱克是民粹主义的立法者,而法兰克福特则是精英主义的教授。

绝对禁令与相对连续体,哪一种较能防止滑坡危险,由此而生的争论照理应属经验性的争论,也就是说,人们应诉诸人类经验而非造物主或自然的德尔菲之声来解决该项争议。

现在让我们试着将经验取向运用在与器官捐赠相关的特定问题上。我有一个朋友最近因为无法得到合适的移植心脏而去世。他需要移植时并没有健康的心脏可用,为了活下去,他只好接受一个肝炎病患的心脏。心脏移植手术成功了,但他很快就因肝衰竭而病逝。

遗憾的是,我的朋友就跟许多美国人一样,因为其他美国人自私地拒绝在死后捐赠可以救命的器官而白白断送性命。在美国,法律推定死者生前的意思是不愿捐赠器官,因此除非潜在的捐赠者曾在生前肯定地同意他或她的器官死后可以从其身体移除,否则不许进行移植手术。在许多欧洲国家,推定的方式完全相反:他们推定所有的人生前都已经同意器官可以用来拯救他人生命,因此除非器官所有人生前明确拒绝表示同意,否则就应该进行移植手术。结果跟美国比起来,欧洲国家等待移植的病人有较多的器官可用。

坚持死后留个全尸让虫子吃个精光,也不愿捐出器官挽救他人性命或视力,我很难想象有什么行为会比这种做法更自私而不道德。然而许多美国人却拒绝同意死后器官捐赠。其中绝大多数以宗教来合理化自己的自私行为。然而什么样的宗教会宣扬死后捐赠器官救人是错的?宗教领袖应该站在第一线,力劝追随者克服自身的恐惧与迷信而迈出拯救人命的简单步伐。*

光凭宗教领袖并不能解决器官严重短缺的问题。美国需要更改法律。至少,美国必须走向欧洲体系,在器官所有人未明确拒绝同意时推定其为同意。不过,就算推定的方式更动,器官依然可能不足。此时就该想到另外一个问题:人死之后,谁能主张这些能用来救人的器官的所有权?你是否有权决定自己能用来救人的身体要埋葬还是火化?若国家立法规定人死之后器官必须摘取再利用,此举是否有违死者或死者家属的权利?(现在已经有法律规定,基于证据目的而必须验尸时,器官必须予以摘除并进行保存。)宗教的反对是否可以作为例外?这些都

---

* 我还有另一位朋友,他是个现代取向的正统派拉比与学者,他最近在一场车祸中失去了儿子。他不只将儿子的器官捐赠给需要的人,也在正统派拉比团体中发起将器官捐赠视为"戒条"(mitzvah)——一种宗教义务——的运动。

是我们必须面对的问题。医学科技的进步,使我们不得不重新思考过去我们对遗体的态度。尊重死者是重要的人性元素,但尊重的形式可以有各种变化。我们这个社会日后很有可能会——而且应该——认为,摘取能用来救人的器官并将之移植给他人,乃是一种尊重死者的适当方式。

当器官移植首次变得可行时,许多传统人士基于道德与宗教理由对此提出反对,他们认为这是在扮演上帝与扰乱自然。随着时移世易,人们的态度有了变化,今日几乎没有人基于宗教或道德理由**反对**以器官救人性命。黄金律(Golden Rule)——犹太教、基督教、伊斯兰教以及其他宗教的核心——要求我们对待自己的邻人如同对待自己。愿意**接受移植的人,必须愿意捐赠自己的器官。允许信众接受移植的宗教,必须**允许信众捐出器官,否则它们会被指控是伪善地违背了黄金律。或许可以再添加一项鼓励器官捐献的规则:凡是不同意捐出自己器官的人,就不能接受他人的捐赠。或者至少对于那些愿意捐赠器官的人,我们应给予受赠的优先权。

凡是拒绝在驾照申请书上签字同意死后捐赠器官的人,要不是懦夫、蠢蛋、骗子,就是迷信的奴隶或宗教基要主义者。这种说法已经相当委婉。当死者的器官明明可以用来救人却白白浪费时,这绝对是一种错误。车祸或遭到枪杀的死者,其亲属不同意从他们刚过世的挚爱身上取走器官,这一点可以体谅。但成年人拒绝在生前同意捐出死后无用于己却可救人的器官,这一点则难以理解。我们应该认为这种自私行为属于道德乃至于法律上不可接受的行为。

我们的器官移植经验,终究会推动社会承认人们没有权利拒绝死后捐赠器官以救人性命。当然,人们有权利主张自己的死亡不该为了极大化器官使用的机会而被迫加快。这应该是选择的问题。人们当然应该有权利主张自己不因更重要或更富有的人需要器官而被杀。我们也许需要藩篱来保护这些核心原则,但藩篱建得太高也有可能危害其他核心价值。

器官移植提供了重要价值彼此抵触的最佳例证。首先,有人认为保存挚爱遗体的完整有其价值,甚至也有人主张死者有处分自己遗体的权利。相反,其他人则认为,保存需要器官的人的生命有其价值。如果器官——光器官本身——攸关生死,一个活生生的人是否有权取得已死陌生人的器官?如果需要器官的人是即将研发出治癌新药的科学家、美国总统,或拥有两个子女的单亲妈妈,情况是否有所不同?他们的生命权——与我们让他们活下去的权利——是否胜过死者要求遗体完整的权利?如果遗体少了一颗肾,缺了肝脏或心脏,是否真的有所差别?

当然,这有相当一部分取决于议题如何呈现。如果今天不是在器官受赠者的生命与死者的意愿间作选择,而是人们对自己身体作出重要决定的权利与国家强迫个人违反其宗教、道德或审美原则的权利之间的冲突,情况是否将有所不同?权利议题的形塑方式对道德与政治辩论有着巨大影响,而且可以使辩论往特定立场倾斜。有些宗教与政治领袖精于此道,而争论各方的支持者也懂得运用这些形塑策略。

一般而言,美国社会给予个人相当的权威来主导死后财产的处分事宜,但这个权利并非毫无限制。丈夫不能完全剥夺妻子的继承权,也无法拒绝政府对其遗产主张的法定份额,即遗产税。身体当然不同于银行账户或珍贵画作。如果拥有毕加索早期重要画作的个人,不怀好意地决定在死后销毁这些画作,有些社会(如法国)将会禁止个人毁坏这些被视为国宝的艺术品。* 在美国,有些私人拥有的建筑物在被宣布为历史地标后就不能拆除,即便拆除有利于建筑物所有人的金钱利益。所有政府都会为了某些公共目的而行使土地征收权。

也许有这么一天,我们对器官移植的集体经验,能让我们在器官可以救人的状况下不理会(或较不重视)死者与死者家属的意愿。如果经验显示广泛的器官摘取能以极低的——心理、道德与金钱——成本挽救无数生命,能够救人的器官"理应"归属最需要器官的人的共识可能会因此浮现。如果真是如此,可能会有更多的人开始捐赠器官,也就不太有强制摘取的必要了。不过,如果器官还是不足,我们或许该考虑实施强制体系。[4]

另外,经验也有可能带领我们往相反的方向走去。更频繁的器官移植,可能会产生负面影响,例如为了所需器官而加快病人死亡、人体被赋予的价值因而降低、其他救命科技的研究因而减少,或者某些病人优先于其他病人的种姓制度从而出现。如果这会是我们的经验,它很可能会加强现有反对人死之后被"开膛剖肚"的态度。重点是世上并不存在自然或神圣规定的尊重人体方式。是否要将死者遗体视为完整的个体原封不动地加以埋葬,还是视为已经到期的容器,必须将其中可用来救人的器官取出,这完全取决于经验。当经验变迁,态度与权利也会跟着变迁——即便是充满情感的将遗体完整加以埋葬或火化的权利,也无法免除变迁的命运。

---

* 卡夫卡的遗作管理人拒绝遵从他的指示焚毁他未出版的手稿,相反地,还将之予以出版。

结　论

权利的未来[1]

经验是否告诉我们权利能通过紧急时期的考验？

美国历史曾经出现过几次全国性的紧急状态，许多重要的权利都曾被暂时中止。南北战争爆发后，林肯总统授权各级将领中止人身保护令状。第二次世界大战期间，富兰克林·罗斯福总统下令监禁为数超过十万的日裔美国人。其他几任总统与州长也曾在紧急状态时废止权利，有时还引用了普通法中的"戒严令"。一般而言，法院在审查这些新发布的权力主张时，有时采取顺从行政当局的立场，有时则认为应当对这种例外权力予以限制。

1971年，我曾撰文简介美国立国以来在紧急状态下的权利中止经验，并且基于这些经验预测法院在下一次遭遇可怕的紧急状态时会作出什么样的判决。以下是文章的部分节录：

尽管法院信誓旦旦地表示它们在面临危机时将会扮演稳

定大局的角色,而且还一再保证根本大法的保障具有"不可废止"的特质,但他们在行动上其实极为谨慎。如果我们真的想知道法院在未来的可能表现,我们不该只听信他们的漂亮说词,而该回顾法院过去的实际作为。

如果美国总统在紧急状态下再度中止重要的宪法保障,我们对法院能有什么合理期待?过去的经验给了我们一幅大致的图像:若紧急状态是真切的,在它存续的这段期间里,法院——尤其是最高法院——一般而言不会干涉行政机关的措施。法院将会用尽一切司法回避的手段将判决时间延后,直到危机度过为止。(事实上,虽然在各个紧急状态期间里有数千人遭到非法监禁,但我发现只要仍处于紧急状态,最高法院就不会下令释放任何人。)只有几个例外会让法院采取不搁置的做法,如实际上并不存在紧急状态却明显滥用紧急状态的情形,以及一旦迟延审理将造成不可挽回的权利损失的情形,如涉及死刑的案件。一旦紧急状态解除,法院一般都会禁止继续施加惩罚;法院会下令释放所有在违反通常宪法保障下被判处监禁或死刑的人。但法院也不准备为紧急状态期间下令非法监禁的行为进行损害赔偿之诉。

当各种因素纠结在一起,便出现了对戒严令加以限制的取向,对此霍姆斯大法官曾简单说道:戒严令并不是"为了惩罚",而是"通过预防来防止仇视的力量得以发展"。这种"惩罚"法与"预防"法之间的区别,不仅显现在案例中,也得到许多评释家的回应。但惩罚与预防之间并不存在截然二分的界线,如多年前布莱克斯通所认识到的:"如果我们从宏观的角度来思考所有对人类的惩罚,将发现这些惩罚全都经过计算,为的是预防未来犯罪,而非用来弥补过去的罪行。"实际说来,这种区别只是意味法院容许紧急状态时所进行的预防监禁,但紧急状态解除之后,法院将会禁止执行任何科刑。

这种对"法院实际上会怎么做"的预测当然无法完全精确。第二次世界大战结束以后,出现了一些重大变迁。沃伦法院进入"政治丛林"中,先前的法院对此避之唯恐不及……民权组织在不断增生之余,也预先准备好该如何面对未来的公民权紧急搁置——虽然它们的准备还不够完善。最重要的是,越战与近来的其他事件已让国家陷入无法修补的分裂之中;少了大规模毁灭性武器的威胁,我们或许再也无法像过去参与第二次世界大战一样,借由紧急状态让全国一致表现出团结与爱国情操。[1]

我曾经预言美国再也不会经历像第二次世界大战这种让全国团结在一起的紧急状态,但我错了。2001年"9·11"恐怖攻击就跟珍珠港事件一样,让美国上下团结一致——至少一开始时是如此。不过传统战争与恐怖主义威胁毕竟不同,其间的差异更随时间流逝而日趋明显。传统战争一般来说时间有限,最终由一方获胜;胜利宣布之后,紧急状态随之解除。紧急状态解除后,中止的权利恢复。然而恐怖主义的威胁却永无止境。紧急状态因此成了永久状态,被中止的权利也无限期地中止下去。美国几乎未曾有过这种永久紧急状态的经验,以过去经验为依据的预测因此容易失灵。

2004年6月底,美国联邦最高法院针对小布什政府对恐怖主义攻击的反应作出了几个判决。这些判决为权利在恐怖主义时代将会如何发展,提供了评估的基础。

在我们研究这些判决的详细内容之前,我们有必要简要说明小布什政府在"9·11"事件之后所采取的权利取向。它们并未尝试限制全美国人的权利。政府也未限制言论或异议自由。(虽然司法部长阿什克罗夫特的确曾经警告"那些以失去自由的幽灵来吓唬爱好和平者的人士",他说他们这种做法等于是提供"军火给美国的敌人"以及"帮助恐怖分子"。)"携带武器的权利"也未受限制——这个权利特别受到小布什政府的欢迎。[2]没有全面宵禁、国民身份证、旅游限制(除了机场安检程序的不便外),或其他足以影响广大选民或遭广大选民憎恨的全面性限制。唯一权利受到限制的是外国人、观光客、在其他国家逮捕的外国人,与一些涉嫌与恐怖主义共谋的美国人。这些人几乎全是穆斯林与阿拉伯人。小布什政府的取向是借由否认"他们"的权利来保护"我们"。一般大众显然认同这种"他们—我们"的二分法,也几乎不反对这些紧急措施。

联邦最高法院判决的三个案件都与"他们"有关:"拉苏尔诉小布什案"(*Rasul v. Bush*)由14名在阿富汗被捕的外国人提起,他们被军方拘留在古巴关塔那摩海军基地;"哈姆迪诉拉姆斯菲尔德案"(*Hamdi v. Rumsfeld*)是由一位美国公民(哈姆迪于1980年生于路易斯安那州,幼年时与家人移居到沙特阿拉伯)提起,他在阿富汗被捕并被拘留于南卡罗莱纳州查尔斯顿;"拉姆斯菲尔德诉帕迪拉案"(*Rumsfeld v. Padilla*)由一位美国公民提起,他在芝加哥奥黑尔机场以重要证人的身份被逮捕,并被拘留于查尔斯顿,罪名是"敌方战斗人员",涉嫌计划在美国制造并引爆炸弹。

在这些案例中,政府主张其有拘留这些所谓的敌方战斗人员——不管他们是外国人、住民或公民——的权威,一直到交战状态解除为止,换句话说就是无限期。政府也主张其有否认这些人的基本正当法律程序保障的权威,这些基本正当法律程序保障包括律师辩护的权利、在美国法院反驳自己罪名的权利、受陪审团审判的权利、不自证己罪的权利,以及取得人身保护令状的权利。

与我在1971年作的预测一样,最高法院运用了"司法回避"的技巧,避免在紧急状态期间全面挑战总统的权威。法官并未"实际下令……释放任何人"。他们判决帕迪拉律师的人身保护申请有管辖法院错误的问题,借此闪躲"拉姆斯菲尔德诉帕迪拉案"提出的争议——在美国境内被捕且被总统指为"敌方战斗人员"的美国公民,是否可以在未经任何审判下无限期地加以拘留。法官对"哈姆迪诉拉姆斯菲尔德案"作了狭窄但重要的判决,他们认为在海外被捕但被美国视为敌方战斗人员的美国公民必须"给予其实质的机会,在中立的司法官员面前针对拘留的事实基础作出答辩"。然而法官对于"实质的机会"所作的定义相当有利于军方,后者可以任意运用传闻证据,并且不采无罪推定原则而改采可反驳的"有利于政府证据的推定原则"——换句话说,就是有罪推定原则。军方也能以军官担任"中立法官",而非选任独立的司法人员。法院在推论时表示,"针对拘留所提出的完整人身保护请求,只能适用于一般情况,而不能适用于敌方战斗人员",因此,法院允许政府可以采取宽松人身保护以合乎司法监督,然而实际上,这种宽松的做法只是确保军方在该案中胜诉。

相比于程序保障的象征性胜利,更重要的其实是法院对政府立场的关注,由于这场"非传统战争"可能"需要两代的时间才能获胜",因此哈姆迪"可能要在拘留所内度过余生"。法院重申"拘留时间不得超过进行中的作战状态"的原则,但法院承认当前的冲突"不同于"过去的冲突,而后者"促成了战争法的发展",从而这种对拘留时间原则的"理解或许无法成立"。法院的判决指出,法院毋须针对无限期拘留在**现行**战斗结束后是否仍具正当性这个广泛议题作出判决,因为"目前对抗塔利班的军事行动显然仍在阿富汗进行"。当然这类战斗要持续多久完全是由政府决定的,就像瓶塞一样任由政府开启或关闭,因此哈姆迪与其他现正遭受监禁的人要拘留多久,完全由政府说了算。但法院似乎表示它会关注整个局势,如果它发现政府是为了延长拘留时间而延长作战期间,它将会干预这种本末倒置的行为。

在最后的"拉苏尔诉小布什案"中,法院处理了最大的争议:对于拘留在美国向古巴无限期租用的关塔那摩海军基地的外国战斗人员,美国法院是否无管辖权,因此无从询问其拘留依据。法院判决美国法院有权发出人身保护令状给拘留在关塔那摩的外国战斗人员。法院的判决内容相当狭窄,完全专注于现实状况:法院认为"美国与古巴的协定明确表示,美国对关塔那摩海军基地拥有完整的管辖权与控制权,并且能持续而永久地行使这些权力"。

芝加哥大学桑斯坦(Cass Sunstein)教授在评估这些判决时表示,法院以"最狭窄的可能方式"进行判决,聚焦于"程序保障",不对"关键争议……加以审理"。桑斯坦赞赏法院的焦点集中,认为"司法最小主义(judicial minimalism)具有真实的吸引力,也许在我们这个时代更是如此,法官必须在国家安全的要求与自由的信仰之间作出妥协"。[3]

司法最小主义或渐进主义的优点,在于它容许法院等待人们对近来的大规模恐怖主义现象及人们对这种现象的回应所产生的经验逐渐累积之后再作决定。要在维护权利与打击恶行之间找到适当的平衡点,必须理解与评估我们当前的经验,以及拥有将这些经验转译为未来的教训的能力。这是个令人望而生畏的任务,特别是与权利有关时,因为权利应该以长期的经验观点为基础,而非以对当前恶行的立即回应为基础。举例来说,在最高法院下判决之前的几个礼拜,媒体密集地播放伊拉克阿布格莱布监狱美军士兵虐囚的可怕画面。法官应该不会忘记这些画面,它们已经构成我们当下的经验,如果这些经验无法像对政治人物、记者与一般大众那样对法官产生影响,我会感到惊讶。不过,法官的职责与政治人物和记者的职责截然不同。法官在定义与说明权利时,应该以长期的观点来看待恶行。他们不应过度受到眼前恶行的影响——就像他们不应过度受到世贸大楼倒塌的撼人画面的影响——尽管他们不可能完全忽视恶行。将当前的危机安放到适当的历史脉络中,是法官的重要工作。

这种长期的历史视角就算没有在狭窄的判决中呈现,也在几位法官坦率的言词中反映出来。奥康诺(Sandra Day O'Connor)大法官在为相对多数的法官写意见书时提到:

> 就在这个深具挑战而充满不确定感的时刻,我们国家对正当法律程序的承诺也受到最严厉的考验;而正是在这个时刻,我们必须在国内信守这些原则,因为我们的海外战争所捍卫的,就是这些原则。

其中一项原则是司法应对行政行为进行钳制,即便是在紧急状态下:

> 很久之前我们就已经明言,战争状态并非总统侵害美国公民权利的空白支票……即便是战争权力也不能移除宪法对核心自由的保障……因此,尽管我们并不怀疑我们的正当法律程序必须密切留意行政机构在战时所负有的特定重担,但如果说这就等于向我们作出如下的表示,那就完全倒置了我们的制衡体系:仅仅因为行政机构拒绝在法院提出拘留的事实基础,被拘留的公民就无法如此要求。

苏特(David Souter)大法官在协同意见书中又作了进一步阐释。他引用"第二次世界大战期间监禁(日裔美国人)的例子作为警惕",并且认为经验显示"美国立宪政府的首要特质在于安全与自由一直处于紧张关系,双方都各有拥护者"。苏特又以"不可避免的人性"为据,强调钳制行政机关——政府中负责对国家安全的威胁加以反击的首要部门——行为的必要性。他重申杰克逊大法官的话语,"总统不是全民的统帅,他只是军队的统帅",政府的其他分支必须发挥重要作用,在安全与自由之间找到适当的平衡点。

"死宪法"(dead-constitution)解释学派的代表斯卡利亚大法官的异议意见书,或许是所有意见书中最有趣的。本书前面的章节写于2004年6月这些判决作出之前,当时,我曾猜想在危机时刻"死宪法"(其解释不因时间而变)可能比"活宪法"(living constitution,其解释随状况不同而可扩张或限制权利)更能保障个人权利。[4]在"哈姆迪诉拉姆斯菲尔德案"中,斯卡利亚大法官证实了我的猜想。他对于在紧急状态下被拘留的美国公民的宪法权利的解释,要比大多数的法官更为深入。斯卡利亚引用对宪法的原始理解,认为政府不能只因宣称哈姆迪的监禁是非刑事的与非惩罚性的,便继续拘留他:

> 这实在难以想象,行政机关居然仅以否认其具有起诉意图或主张其仅是褫夺危险犯之公权而非惩罚恶行为名,便以刑事外的理由来拘留非刑事犯……("仅是发现危险,一般而言并不足以作为无限期非自愿监禁的理由。")
>
> 这些正当法律程序权利在历史上已被人身保护令状证明为正当……人身保护令状规定于宪法中——它是唯一被明文规定的普通法令状。(参见宪法第1条第9项第2款。)汉密

尔顿在《联邦党人文集》中赞扬"人身保护令状的确立",可以用来对抗"各时代的暴君最喜爱也最难以应付的……独断监禁"。(引自《联邦党人文集》第84号文第444页。)事实上,由于新宪法规定了人身保护令状以及刑事案件必须由陪审团审判(参见宪法第3条第2项第3款),因此汉密尔顿认为已无额外明文规定程序保障的必要。

斯卡利亚认为,应该立即释放哈姆迪,除非哈姆迪已被当成罪犯起诉并被赋予刑事被告应有的权利——或是国会决议中止人身保护令状。* 斯卡利亚指控多数法官诠释旧宪法的方式"仿佛是在制定新宪法……居然引进闻所未闻的体系,让公民而非政府负举证责任,以传闻而非活生生的证人作为证据,且由'中立'的军事官员而非法官或陪审团来主持审判"。斯卡利亚指控相对多数法官

具有一种所谓的修理匠心态。相对多数的法官似乎认为,在涉及个人权利时,法院的任务不只是依法审理行政与立法机关作为与不作为的结果,还包括促使每件事的结果能正确无误。立法机关未能在当前迫切的紧急状态下中止令状?没关系,法院将会规定合理的条件,将中止包括进去,这样便能救济立法缺失。行政机关未能满足法院规定的合理条件?

---

* 斯卡利亚似乎认为——我认为这种观点是错的——国会中止令状的决议毋须受司法审查:"然而,2001年'9·11'攻击事件是否算是'侵略',以及数年之后,它是否仍能作为中止权利的合理根据,这两个问题应该是国会要面对的问题,**而非法院**。"(粗体非原文所有。)斯卡利亚的意思是说,这既是国会**起初**要面对的问题,也是国会**最终**要面对的问题,我们无法确定。如果国会非法中止令状——例如在和平时期——法院当然要宣布这个露骨的权利中止是违宪的,因此是无效的。

没关系,法院会自行弥补行政缺失,这样这个危险的家伙(如果他真的危险的话)就不会被释放。这个取向的问题不只在于法院逾越了它在民主社会中所应扮演的谦抑而有限的角色,更在于一旦法院反复实施它认为政治部门所应做的事,将鼓励这些部门继续怠惰,并破坏民选政府的活力。

根据斯卡利亚的说法,这种"修理匠心态"是"活宪法"学派的必然发展。该学派在相对平静的时期会宽松地解释宪法权利,但在困难时期则倾向于限制权利,斯卡利亚认为"哈姆迪诉拉姆斯菲尔德案"便是其中一例。根据斯卡利亚的"死宪法"取向,宪法无论在承平或纷乱时期都应维持不变,权利既不能扩张也不能限制。事实上,斯卡利亚相信,开国元勋企图让宪法权利在国家危机时刻也能完全适用:

> 开国元勋警告我们(在紧急状态下限制权利的)风险,并且给予我们宪法来对付风险。
>
> 许多人认为,在国家危机时期,自由屈从于安全不仅不可避免而且完全恰当——也就是说,在军事紧急的极端状况下,武器让法律沉默。不管战争让法律沉默或降低音量的看法有何优点,它在宪法的解释与适用上都不具任何地位,因为宪法原本就是用来面对战争,以及以一种符合民主原则的方式来适应战争。[5]

这场有关宪法解释性质的争论,使得我们能对经验权利的性质提出更深刻的问题。

经验的权利理论是否跟"活宪法"解释学派一样,将使权利随环境而限缩或扩张?

"死宪法"支持者如斯卡利亚大法官与"活宪法"支持者如奥康诺大法官之间的争论,已经超越了当前恐怖主义的威胁。因此在本书末尾,我将讨论一般总是倾向于扩张个人权利的经验的权利取向,如何偶尔能将权利限缩的做法予以合理化。

在立宪之初,美国就已出现如何解释政府宪章中可广泛解释之文字的争论。人们是否应该一再解释这些早年写下的宪法文字,以解决"当前的问题与需要"?还是人们应该精确找出宪法制定者的原意?最能代表"再解释"(reinterpretation)学派的,是布伦南大法官(1956年到1990年任职于美国联邦最高法院)与我的同事及朋友却伯(Laurence Tribe)教授(杰出的宪法教授与庭审律师)所写下的司法意见书与法律作品。"原初理解"(original understanding)取向的最佳代表人物,则是现任联邦最高法院大法官斯卡利亚,他于1986年开始担任该职。

争论双方都同意1803年首席大法官马歇尔(John Marshall)揭橥的广泛原则:"我们要解释的就是宪法"*——一部"在制定时希望能跟其他人类制度一样不朽的宪法"。而双方意见不同之处,在于究竟是"再解释"取向还是"原初理解"取向更能确保宪法不朽。

"再解释"取向的支持者认为,为了确保两个世纪前写下的文字能与今日产生关联,必须借由变动的经验来解释宪法。根据这种观点,美国宪法的制定者故意使用"概括而堂皇的字眼"——例如"法律平等保

---

* 法学院一位非常自由派的教授曾用马歇尔的话来作文章:"我们要**扩张**的就是宪法。"另外一位非常保守的教授则会回答:"不,我们要**删掉**的就是宪法。"

护""正当法律程序""残酷而不寻常的惩罚"以及"自由"——而这些词汇的"意义留待经验去填充"。再解释取向的支持者认识到"唯有停滞的社会才会维持不变"[6],以及"美国宪法的特征,不在于它在一个死亡的、过去的世界中所可能具有的静态意义,而在于它能应付当前问题与需要的适应性大原则"[7]。因此,要忠于宪法的真实意义,宪法概括性的词汇必须随时光推移而再解释,以将制定者的"实质价值选择"付诸实行并适用于制定者当初未能得见的新环境中。* 借由再解释宪法使之与变迁的经验产生关联,法官因此让宪法重获生机。宪法成了活的文献。

反对"活宪法"解释学派的人认为,宪法文字的原初意义必须完全遵守。如果原初意义不符合现代所需,宪法应该由民意机构通过修正程序加以改变。宪法不应由精英法官来加以修正,法官的职务在于适用既有法律,而非借由不断再解释更新或"修理"法律。

最反对"活宪法"的是斯卡利亚大法官,他曾经挑衅地说美国宪法是"死"文献。斯卡利亚认为美国宪法是"活文献"的说法——即文本的意义随着每个世代变迁的经验而变——乃是犯了"常见的错误"。他相信,美国宪法的意义,指的就是"它在被采行时的意义"。斯卡利亚认为,这种解释模式能让美国宪法更为"持久"。[8]

这场争论至少可回溯到西方文明思想史中的塔木德时期。塔木德中有一则传说,提到一位相信"死"圣经的拉比与一群相信"活"圣经的拉比进行辩论。辩论的焦点是与烤炉有关的难解法律。为了支持自己的法律解释,以利以谢拉比(Eliezer)诉诸摩西五经作者的原意,亦即上

---

* 这种解释只能适用在文中提到的概括性词汇。从1787年以来,不管环境如何变迁,宪法中总统必须年满35岁的规定无法再解释,因为"35岁"在文字上并没有任何模糊的空间。

结论　权利的未来

帝本身。以利以谢恳求:"如果哈拉哈(halachah,权威的法律意义)与我一致,就让上天证明!"——于是上天对其他拉比喊道:"为什么与以利以谢拉比争辩,难道你们没看见……哈拉哈与他一致!"(这可充分证明了原意的权威性!)但是另一位拉比起身责难上帝干预人类的争议。"你写下摩西五经已有很长一段时间",而"我们从未倾听你的声音"。信息很清楚,上帝的子女要跟他们的父亲说:"身为拉比,我们的工作就是为你赐给我们的摩西五经赋予意义。你给了我们有待解释的文献,又给了我们解释文献的方法论。现在,让我们做我们该做的工作吧。"上帝同意,并且高兴地笑了:"(我的子女)用论证击败了我。"[9]

光凭一个人——不管是神或是其他——无法拟出美国宪法、美国《人权法案》,或南北战争后的宪法修正案(这些合起来构成今日的美国宪法)。事实上,美国宪法充满错误,语言选择贫乏,处处显示出制定时的仓促。当代身穿法袍的拉比无法要求上天——甚至地下——发出声音确认他们对词汇的解释是否正确,例如**正当法律程序**、**法律平等保护**、**言论自由**或**残酷而不寻常的惩罚**。不过,我想杰斐逊、麦迪逊、汉密尔顿及其他有远见的宪法制定者应该不会回应当代的以利以谢对权威解释的要求,他们会拒绝干预,说道:"你们必须解释的就是宪法。我们很久以前在一个不同的时代里写下了宪法的文字。不用理会那些想从坟墓或天堂寻求确定性声音的人。"

至少在部分上,当初宪法文字的选择,或许便是为了保持意义的开放性,使其能随时间推移而重新定义,因此假装确实知道这些文字精确而单一的意义是愚蠢而无意义的,不过,完全忽视制定者的意图也是一样。

最近几十年,有关适当的宪法解释模式的争论已经染上意识形态的色彩。自由派人士如布伦南、古德伯格、沃伦与金斯伯格都支持"活宪法取向,认为权利可以"**扩张**到原初狭窄的条文之外"。[10]金斯伯格大法官认为,"宪法权利与保障往被忽略或被排除在外的人**延伸**的故事",是美国历史里相当重要的一部分。[11]却伯教授主张美国的活宪法"要求我们与我们的法官**扩充**……自由,这是专属我们的遗产"。[12]这些自由派人士认为,美国宪法是"演进的"——即向**更为**自由、**更为**平等与**更为**正当的法律程序移动。他们害怕反对的潮流将使美国退回"停滞的、陈旧过时的、毫无新意的、充满长远过去的偏见与迷信的文献中"。[13]他们也反对有人主张"死宪法"可以借由意识形态中立的方式"去政治化"或限制法官权力。自由派人士认为:

> 我们不应对这种选择的政治基础掉以轻心。一个唯有当宪法主张未逾越制定者特定想法时才支持该宪法主张的立场,实际上建立了一个解决文本暧昧但却反对宪法权利的推定。我们并不清楚这种反对权利主张的推定的合理根据为何。解释并不具有消极解决文本暧昧的本质——如果真有所谓解释的"本质"。而且这种选择并不会比其他选择更不具政治性;它对少数人对抗多数人的权利表现出厌恶的态度。认为权利主张应局限于1789年宪法陈述的特定价值的人,完全无视于社会进程,同时也不愿面对适应的大原则与社会环境的变迁。[14]

换句话说,自由派人士承认他们支持的"活宪法"解释模式有助于**扩张**权利,因为他们视美国宪法为往单一方向"演进"的文献。至少根据一些自由派人士的说法,美国宪法是个棘齿,只能往前转动——朝向更为自由、更为平等、更为正当的法律程序,诸如此类。他们也主张保守派人士支持的"死宪法"解释模式倾向于**限缩**权利,将权利局限在"1685年的标准上,也就是杰弗瑞斯爵士(George Jeffreys)主持血腥的巡回裁判(Bloody Assizes),而《人权法案》即将采行之时"。从这个观点来看,保守派的取向绝非中立。它反映了旧式的有限权利观点,而这种观点正好与那些受限于美国宪法原初理解的人的意识形态偏好若合符节。

自由派人士的描述大体是正确的。当代绝大多数支持活宪法的法官与学者实际上都是自由派人士,他们的个人视角倾向于扩张而演进的宪法权利取向。而绝大多数支持死宪法的实际上都是保守派人士,他们的个人立场偏向于限制宪法权利。[15]

然而,在"自由派演进的活宪法"取向与"保守派原初理解的死宪法"取向之外,还存在着第三种取向。能够适应环境变迁的活宪法,并不总是往单一方向移动。它并不总是"扩张"或"演进"。适应环境变迁的能力,有时也会造成一些限缩、后退与退化。

虽然布伦南大法官一直试图将活宪法推往单一方向,但他似乎承认后退的情况也有可能出现。他写道:"每个世代都有机会废弃或加添宪法制定者所列举的基本原则。"布伦南了解美国宪法必须适应"难以预料的好或不好的趋势"。[16]

面对近来的恐怖主义案例,斯卡利亚大法官似乎也承认活宪法的两面性:"一旦美国宪法的原意被搁置一旁,代之以当前社会的'基本价值',人们可以合理地问道,为什么我们只该'扩张'自由,而不该也限缩自由?"[17] 他发现,"历史记录否定了演进的美国宪法总是扩大个人权利的说法"。[18](塔木德中活摩西五经解释学派的胜利,导致的不只是圣经命令的扩张,也包括了限缩。)[19]

处于恐怖主义时代,大规模毁灭性武器足以大量而快速地杀死人类，我们因此必须重新评估某些权利的范围以及权利扩张的趋势。我们可以匿名权为例来作思考，联邦最高法院曾在几个重要脉络中承认匿名权，尤其是当揭露身份可能会对言论、出版或集会权产生寒蝉效应时。现在当然没有人会认为个人匿名权可以拒绝政府在个人登机时适当地要求身份确认。这种权力也不只局限在"某些"交通工具上，如飞机。几乎没有人会质疑政府可以对任何想进入政府建筑物的人适当地要求身份确认，这些建筑物包括法院或立法机构，人民有权在此向政府提出请愿，希望苦况能得到救济。适当的身份确认要求也可向火车、巴士与船舶乘客提出——也包括车辆驾驶、纳税人、社会安全接受者与其他人士。如果国会现在要求建立全国成人的身份鉴识系统，我想它会受到大家的支持，要是在40年前就不一定了。恐怖主义的威胁改变了匿名权与安全需要之间的平衡。经验迫使我们限缩前者而扩张后者。

因此，当经验推着我们往扩张某些隐私权的方向前进时——最明显的就是私人间的同性性行为有不受政府干预的权利——隐私权的其他面向却也受到限缩。

同样的状况也发生在不自证己罪的权利上。联邦最高法院再度肯定米兰达规则仍可适用于传统警察讯问取供上，然而与此同时，却允许政府官员基于防止未来恐怖主义攻击之必要而可取得情报资讯。

未来我们将越来越常看到这种情况，法院仰赖新的恐怖主义经验来解释美国活宪法，限缩某些权利，扩张另一些权利，至于一些核心权利则原封不动。这是能适应"好与不好的趋势"的活宪法的本质。这是真正的"宪法特征"，不在于它在一个未曾出现大规模毁灭性恐怖主义威胁的世界——"一个死亡的、过去的世界"——中所可能具有的静态意义，而在于"能应付当前问题与需要的适应性大原则"，例如恐怖主义引发的问题与需要。

现在双方易地而处。支持活宪法的人必须考虑限缩某些不符合当前防止恐怖主义需求的权利。主张"死宪法"能确保权利不因社会急迫需要而变的人,现在必须抗拒权利的限缩,至少必须使它们维持在开国元勋当初理解的范围内。

观察中立的解释原则能否胜过意识形态的结果导向,将是件有趣的事。如果前者胜过后者,斯卡利亚大法官将摇身一变成为恐怖主义时代的"自由派人士",他会主张法院不许削减死宪法所规定的任何权利。相反,支持活宪法的人则会扮演保守派角色,为了让美国宪法适应新恶行而削减既定的权利。[20]

无论如何,经验显示很少有法官会始终坚守自己提出的司法解释原则。当斯卡利亚大法官发现总统大选与自己息息相关时,竟公开违背自己信奉的原则。[21]在"小布什诉戈尔案"中,斯卡利亚成了"修理匠",他投下一票以确保政治保守派政府能够获胜;当新恶行威胁到旧权利时,支持活宪法的法官便成了保守的传统主义者。[22]

经验也显示法官并不总是权利的最后决定者。虽然法官的角色在民主社会中并不一定如斯卡利亚期望的那样"谦抑而有限",但它的确受到行政与立法部门权力的拘束,并且最终受制于人民。我们的制衡体系不只是限制法院,也限制立法机关与总统。举例来说,我们可以思考在2003年到2004年高等法院开庭期前出现的一个潜在爆炸性的案例。"艾尔克·格鲁夫联合学区诉纽道案"(*Elk Grove Unified School District v. Michael A. Newdow*)提出了如下的问题:1954年国会决议在效忠誓词中增添了"在上帝庇佑下"等文字,此举是否违反宪法第一修正案规定的国会"不得立法确立国教"?虽然联邦最高法院在宪法中扮演着最后仲裁者的角色,但它缺乏政治权力,无法将"在上帝庇佑下"这几个字从誓词中去掉。[23]如果法官判决这些文字的添入是违宪的,政治反应将会是立即的:宪法将会受到修正以废止这项判决。法官了解这项现实,于是想了一个避免进行判决的方法:法官认为提起诉讼的无神论父亲为他的10岁女儿进行的诉讼乃属当事人不适格,因为他并未拥有该名子女的监护权。

  在民主制度里,真正的统治者最终还是人民。如果司法判决与公民的深刻经验相抵触,这样的判决不可能长存。这就是为什么我们这些相信以权利为基础的民主制度与某些特定权利对美国的未来至关重要的人,必须将我们的努力扩展到法院之外。我们必须将我们对权利所作的论证带到民众当中。[24]我们必须不断证明权利是有用的,是防止恶行的必需之物,也值得我们付出代价为之追求。由于人类及人类组成的政府总是不断在其他人类身上施加新的恶行,因此我们必须持续建构新的权利。由于权利是获得自由与公平的过程而非目的本身,因此权利的斗争永远没有获胜的一天。由于恶行总是存在,因此权利也永远长存。

注 释

导 论

〔1〕本章的标题"Where Do Rights Come From?"故意违反了"介系词规定"。对此,我要援引《弗吉尼亚英文学刊》(*Virginia English Bulletin*)的说法来进行文法辩护:"介系词规定是英文文法中一项恶名昭彰的'规则',其根源可溯自……洛斯(Robert Lowth,1762年出版的《英文文法简要导论》〔*A Short Introduction to English Grammar*〕的作者),他认为,由于拉丁文的句子不以介系词为结尾,因此英文的句子也不该如此。"不过洛斯也写道,以介系词为结尾"是一种惯用语法,我们的语言一直习于这种用法:它通行于一般会话,而且也相当适合于一般的写作风格"(引自 Bryan A. Garner, *A Dictionary of Modern American Usage*, New York: Oxford University Press, 1998)。《弗吉尼亚英文学刊》指出:"介系词规定遭到无数作家与语言学家的攻击,但它却表现出不寻常的顽强……丘吉尔的反对意见堪称是最著名的评论,据说他曾认为'这种掉书袋的写作方式,我完全不能忍受!'"(见 http://www.people.virginia.edu/~h15s/fumbled.html)。另一个爱说笑的人物则郑重其事地宣布:"介系词是不能用在句尾的字。"

〔2〕引自 Ron Chernow, *Alexander Hamilton* (New York: Penguin, 2004), p.60。

〔3〕Alessandra Stanley, "Understanding the President and His God," *New York Times*, April 29, 2004, p.E1.

〔4〕见 David McGowan, "Ethos in Law and History: Alexander Hamilton, *The Federalist*, and the Supreme Court," 85 *Minnesota Law Review* 755 (2001), p.778—779。(从汉密尔顿

对弗吉尼亚州与肯塔基州通过反对《客籍法与镇压叛乱法》的决议案的反应,可以看出他对亚当斯的支持;汉密尔顿建议使用军事力量来"说服"弗吉尼亚州接受《客籍法与镇压叛乱法》是适当的法律。)

〔5〕伊利(John Hart Ely)这么说:"当然就技术上来说,光是理性并不能告诉你任何事情;它只能连结前提与结论。" Ely, *Democracy and Distrust*: *A Theory of Judicial Review* (Cambridge, Mass.: Harvard University Press, 1980), p.56. 我要补充的是,理性有助于建构出一个流程,让我们可以借此从经验推演出权利。

〔6〕参见 Robert Reich, "The Last Word," *The American Prospect*, July 1, 2004。

〔7〕美国政府已对这项不名誉的行动表示道歉并支付赔偿金,尽管如此,最高法院还是认为这项行动合宪。

〔8〕斯卡利亚大法官的取向只能适用在某些案例上;参见 *Maryland v. Craig*, 497 U. S. 836 (1990) (dissenting opinion) 与 *Hamdi v. Rumsfeld*, 542 U.S. (2004)。尽管斯卡利亚认为权利不因时间而改变,但他自己却在某些案例中投票支持限缩权利。事实上,斯卡利亚从未投票支持扩张权利,除非扩张有利于他的政治与意识形态议程。参见 *Bush v. Gore*, 531 U.S. 98 (2000)。另外也可参见本书结论。

第一章

〔1〕**权利**也有"正确"(correct)的意思。在此,我使用的是另一种意义:个人为对抗政府权力而主张的请求权。

〔2〕在实证主义取向下,某个权利请求可能胜过另一个权利请求,不过这种情况只出现在胜方权力也出人类制定的法律权威时。例如,联邦的宪法权利一般优于各州的宪法权利,因为联邦宪法——经过各州批准——包含了最高条款,授予正当行使的联邦宪法权利优越的权威。理论上,实定法也可能来自造物主授予的法律文件,如圣经。不过,实定法一词在一般使用上并不具神圣意涵。

〔3〕*Lochner v. New York*, 198 U.S. 45 (1905), p.75, dissenting opinion.

〔4〕参见 Albert W. Alschuler, *Law Without Values*: *The Life*, *Work*, *and Legacy of Justice Holmes* (Chicago: University of Chicago Press, 2000)。

〔5〕Lloyd Weinreb, *Natural Law and Justice* (Cambridge, Mass.: Harvard University Press, 1987), p.99. 这个说法明显过度化约了极为复杂的思想体系,但整体而言却相当精确。

〔6〕*Boston Globe*, August 25, 2000, p.A23.

第二章

〔1〕H. L. A. Hart, *Essays in Jurisprudence and Philosophy* (New York: Oxford University Press, 1983), p. 163.

〔2〕最先披露这些言论的,是 2003 年 6 月 25 日的以色列《国家报》(*Haaretz*)。前巴勒斯坦总理阿布·马赞(Abu Mazen)在与好战分子会商时表示,小布什早先在阿卡巴(Aqaba)会议中作了这样的陈述。卡门(Al Kamen)在 2003 年 6 月 27 日的《华盛顿邮报》(*Washington Post*)上要求白宫提出澄清,但"未获响应"。不过,小布什的原意可能并非如此。卡门说道:"毕竟小布什所说的英文先经过马赞的阿拉伯文翻译,而之后又被重新翻译回英文。"

〔3〕《时代》(*Time*)杂志的访问,1999 年 1 月 11 日。

〔4〕发布于 1998 年 2 月。

〔5〕参见 The 9/11 Commission Report: *Final Report of the National Commission on Terrorist Attacks Upon the United States* (New York: W. W. Norton, 2004), p. 380。另外也可参见 Marc Lacey, "In Sudan, Hunter and Hunted Alike Invoke the Prophet," *New York Times*, August 22, 2004, p. 3。另外也可参见 Michael Ignatieff, *The Lesser Evil: Political Ethics in an Age of Terror* (Princeton, N. J.: Princeton University Press, 2004), p. 124 里一段来自本·拉登的引文:本·拉登以真主之名来正当化杀害违背"自己的先知"的穆斯林的行为。

〔6〕虽然我不是神法的支持者,但有事例显示犹太教传统(或至少是某些对犹太教传统的诠释)支持以人为主、以过程为基础的实定法,而非以外源为基础的自然法。圣经里对"你要追求至公至义"的命令,表示追求正义是一段主动而持续的过程。此外,还有众拉比反对以上帝声音作为法律权威来源并代之以犹太法(Halakah)建立的法律决策过程的精彩故事。人类过程——从密西拿(Mishnah)到革玛拉(Gemorah)到答问(responsa)——持续到今日。见本书结论。事实上,这段过程与其说是"揭露"神法的发现过程,不如说比较类似于普通法的法律发展过程,尽管如此,这段过程还是声称自己具有前者的成分。

〔7〕李柏曼引用了华盛顿的话,但后者并非特别虔诚的教徒,尤其是在教会方面。Richard Perez-Pena, "Lieberman Seeks Greater Role for Religion in Public Life", *New York Times*, August 28, 2000, p. A1。

〔8〕参见 Alan Dershowitz, "Keyes' campaign twists founding fathers' words," *Baltimore Sun*, August 15, 2004, p. C5。

〔9〕参见 Alan Dershowitz, *America Declares Independence* (Hoboken, N. J.: Wiley, 2003), pp. 1-84。

第三章

〔1〕Blaise Pascal, *Les Pensees*, XXIV (1670); Dante, *De Monarchia* (c.1313).

注　释

〔2〕John R. Searle, *Speech Acts: An Essay in the Philosophy of Language* (Cambridge: Cambridge University Press, 1977), p. 132. 参见 George Edward Moore, *Principia Ethica* (Cambridge: Cambridge University Press, 1960)。

〔3〕Juvenal, *Satires* XIV (A. D. 128); Saint Augustine, *Of Conscience* (c. 425); John Florio, *His Firste Fruites* (1578); Cicero, *De senectute* XIX (c. 78 B. C.)。"自然"这个词有许多意义,特别当它是翻译自多种语言的时候。此处的引文只是用来说明与自然这个主题相关的各种观点。

〔4〕戴维的儿子所罗门更接近真实,他在圣经中提到自己见到"有义人行义,反致灭亡,有恶人行恶,倒享长寿"。《传道书》第七章第十五节。

〔5〕Baruch Spinoza, *Ethica I* (1677)。古尔德追悼会的单子上印着波普的诗,诗文已经配上旋律并由追悼古尔德的合唱团演唱。在轮到我致词时,我忍不住提到,我这位在政治上相当激进的朋友恐怕很难接受这首诗放在政治领域时所产生的结论。

〔6〕Robert G. Ingersoll, "Some Reasons Why," 1881; from *The Works of Robert G. Ingersoll*, vol. II (New York: The Ingersoll League, 1929), p. 315.

〔7〕Pierre Bayle, *Pensees diverses sur la comete* (1680)。

〔8〕参见 T. W. Adorno, *The Authoritarian Personality* (New York: Harper, 1950)。

〔9〕Frederick Kidder, *History of the Boston Massacre*, March 5, 1770 (Albany, 1870). Reprinted by the Notable Trials Library (New York: Pantheon, 2001)。

〔10〕Oliver Wendell Holmes Jr., in *The Common Law* (Boston: Little, Brown and Co., 1881)。

〔11〕根据 John Rawls, *A Theory of Justice* (Cambridge, Mass.: Belknap Press, 1999) 的最基础说法,"原初境况"是个假想的处境,在这种处境之中,理性、风险趋避而计算的个人会选择最符合自己利益的社会关系原则。然而,这些个人被置于"无知之幕"之后——他们无法知道自己的年龄、性别、宗教信仰或其他自己所特有但与正义原则无关的讯息。

〔12〕Immanuel Kant, *Metaphysische Anfangsgrunde der Rechtslehre*, 引自 Rawls, *A Thory of Justice*, p. 128。

第四章

〔1〕杰克逊大法官的协同意见书,参见 *Krulewitch v. United States*, 336 U. S. 440 (1949), at p. 458。孟德斯鸠(Baron de Mentequieu)曾于1742年提出类似的说法:"再没有比永久藏身于法律盾牌之后并高举正义旗号的专制统治更残酷的。"

〔2〕Ronald Dworkin, *Taking Rights Seriously* (Cambridge, Mass.: Harvard University

Press, 1977), pp. 177, xi, 184.

〔3〕Ibid., p. 198.

〔4〕Ibid., p. 176.

〔5〕Ibid., p. xi.

〔6〕参见 Mary Ann Glendon, *Rights Talk: The Impoverishment of Political Discourse* (New York: Free Press, 1993)。

〔7〕Dworkin, *Taking Rights Seriously*, p. 272.

〔8〕儿童发展心理学领域深具影响力的思想家皮亚杰(Jean Piaget)发现,儿童一开始先经历一段"他律的"道德伦理时期,其特征在于服从权威与严格遵守规则。他律时期结束后,自律时期随之开始,儿童开始批判地检视规则,而在应用规则时,他们的目的在于达致合作与相互尊重的新目标。皮亚杰发现,儿童是借由为问题提出公平的解决之道来表达自身的道德。通论性的说法参见 Jean Piaget, *The Moral Judgment of the Child* (New York: Free Press, 1997)。科尔伯格(Lawrence Kohlberg)以皮亚杰的作品为基础,提出了六个道德发展阶段,各阶段的进展主要是通过社会互动的驱策来达成。科尔伯格认为,道德教育应专注于协助个人在各个阶段达致成熟以进入下一阶段,而非只是强调传统价值。科尔伯格相信,某些正义与公平原则可以作为个人道德发展的顶点,因为在世界的各种文化里,我们都可以发现它们。通论性的说法参见 Lawrence Kohlberg, *Essays on Moral Development*, 2 vols. (New York: Harper, 1981 and 1984)。

〔9〕哈佛大学心理学教授豪瑟(Marc Hauser)发现,"猴子运用类似规则的策略来提升猴群的福利,包括维持和平、遵守疆界与分享食物。猴子遵守规则,却不一定了解规则。人类则大不相同:我们有意识地评价行为的对错,不过,我们往往会以社会惯例作为判断的依据"。Marc Hauser, "Morals, Apes, and Us," *Discover*, February 2000。人们如何看待他人权利,与人们在自己的偏好与他人的权利发生冲突时会有什么举动,这两者之间存在着些许差异。

〔10〕Dworkin, *Taking Rights Seriously*, p. 81.

〔11〕Ibid., p. 160.

〔12〕Ibid.

〔13〕结果平等与机会平等的争论由来已久。几位著名思想家对此作了讨论,论文刊登于 *Boston Review*, vol. 20, April/May 1995。

〔14〕Dworkin, *Taking Rights Seriously*, p. 177.

〔15〕Ibid., p. 271.

〔16〕通论性的说法参见 Michael J. Sandel, *Democracy's Discontent: America in Search of a Public Philosophy* (Cambridge, Mass.: Harvard University Press, 1996)。

〔17〕平心而论，我未能找到任何一本德沃金的著作旨在提出权利起源的全面理论。我的批评大部分是以从德沃金的大作《认真对待权利》(*Taking Rights Seriously*)中依据不同脉络而选择的引文为基础。

第五章

〔1〕Ronald Dworkin, *Taking Rights Seriously* (Cambridge, Mass.：Harvard University Press, 1977), p. 190。另外也可参见 Alan Dershowitz, *America Declares Independence* (Hoboken, N. J.：Wiley, 2003)。

〔2〕参见布雷耶大法官(Stephen Breyer)的异议意见书, *Hiibel v. Sixth Judicial District Court of Nevada*, 542 U. S. ___ (2004)。

〔3〕被告也主张第五修正案不自证己罪的权利，但法院认为本案"毋需解释"第五修正案，因为就本案而言，提供个人姓名几乎不可能构成自证己罪。

〔4〕参见 *Hamdi v. Rumsfeld*, 542 U. S. ___ (2004)。

〔5〕参见 William Glaberson, "Word for Word/The Second Amendment Debate；To Bear of Not to Bear：It Depends on How You Read History," in "Week in Review," *New York Times*, September 24, 2000, p. 7。

〔6〕Dan Eggen, "FBI Curbed in Tracking Gun Buyers," *Washington Post*, November 18, 2003, p. A1.

〔7〕Kristin Luker, *Abortion and the Politics of Motherhood* (Berkeley：University of California Press, 1984)。

〔8〕Paul Robinson, writing in the *New York Times Book Review*, May 6, 1984.

〔9〕参见 *Lawrence v. Texas*, 539 U. S. 558 (2003)。2004年8月，桑给巴尔(Zanzibar)制定法律，凡成人合意为同性性行为者判处25年徒刑。

〔10〕John Hart Ely, *Democracy and Distrust* (Cambridge, Mass.：Harvard University Press, 1980), p. 50。

〔11〕Ibid.

第六章

〔1〕H. L. A. Hart, *Essays in Jurisprudence and Philosophy* (New York：Oxford University Press, 1983), p. 196。

〔2〕Ibid., p. 198。

〔3〕杰斐逊认为，"少了死后惩罚的恐惧，个人就缺乏行善的动机，而在丧失与挚爱重聚的希望下，家庭情感与友谊就会失去它们的重力"。参见 Jewish Virtual Library (http://

www.jewishvirtuallibrary.org/jsource），以及 Dershowitz, *America Declares Independence*（Hoboken, N. J.：Wiley, 2003）。

〔4〕Hart, *Essays*, p. 198.

〔5〕Fyodor Dostoyevsky, *The Brothers Karamazov*（New York：Modern Library, 1996）, p. 282.

〔6〕这三种来源有许多变化说法，包括直觉、逻辑与灵感。

〔7〕当然，早在德索托之前，美洲原住民已经发现密西西比河并缘河居住。

第七章

〔1〕参见"宗教自由法案"第一节，在线查阅见 http：//teachingamericanhistory.org/library/index.asp？document =23（accessed August 25, 2004）。

〔2〕Alvin H. Rosenfeld and Irving Greenberg, *Confronting the Holocaust：The Impact of Elie Wiesel*（Bloomington：Indiana University Press, 1979）.

〔3〕参见 Albert W. Alschuler, *Law Without Values：The Life，Work，and Legacy of Justice Holmes*（Chicago：University of Chicago Press, 2000）.

〔4〕战后德国有一件有趣的刑事诉讼，说明了在处理后来被视为不道德的实定法时所面对的难题。在纳粹政权已趋强弩之末时，有个妇女想摆脱自己的丈夫，因此向盖世太保指认她丈夫曾辱骂希特勒。丈夫因此受到法律制裁。战后，这个妻子遭到起诉，罪名是不法剥夺丈夫的自由。她在辩护时指出，她丈夫被剥夺自由是依照德国实定法，因此她并没有犯罪。高等法院肯定妻子的有罪判决，认为她丈夫遭受惩罚所根据的法律"有悖于所有正直人类的健全良知与正义感"。仰赖自然法来压倒实定法，乃是出于对纳粹法律实证主义的反弹。纳粹法律实证主义主张法律就是法律（*Gesetz als Gesetz*），即便是最不道德的法律也应遵守。在经历了纳粹的法律滥用后，许多战前是法律实证主义者的法哲学家都转而支持自然法。

〔5〕William Nicholls, *Christian Antisemitism：A History of Hate*（Northvale, N. J.：Jason Aronson, 1993）, p. 360. 尼科尔斯（William Nicholls）接着说道：

> 我们可以假设，此处所谓的冲突应该出现在这些天主教徒履行自己对上帝的责任与对纳粹政府的责任之间。或许教宗心里存有一种诡辩式的论证：如果他没有正式对迫害犹太人的行动加以谴责，参与迫害的德国人便可以说自己是在不知情的状况下犯下这些罪行，并因此能受到较轻微的精神惩罚。
>
> 这是虚假的同情，它只显示庇护十二世在拯救犹太人与维持信徒心灵安适之间，将道德优先性给了后者。除此之外，这个论证几乎不具任何说服力。即便

注　释

是在我们所描述的反犹太环境下，凡是受过天主教教育的人，无论他们对国家负有什么样的义务，无论教宗选择谴责或不谴责，这些人都应该知道杀害手无寸铁的犹太人或甚至参与最终导致这种杀戮的活动乃是道德大罪。但这并不表示教宗没有警告与谴责的责任。

就教宗自身的前提来看，他的沉默远较他原本可以作出的发言更让德国与东欧天主教徒的永恒救赎陷入危险，因为他未能领导他们远离客观上极端邪恶的行动。少了教宗直言谴责的道德支持，数十万天主教徒屈服并参与人类史上最邪恶的行动，却未受到他们精神领袖的责难。

另外也可参见 David Kertzner, *The Vatican's Role in the Rise of Anti-Semitism* (New York: Knopf, 2001)。

〔6〕参见 *New York Times*, November 2, 2000, p. A6.

〔7〕Mary Ann Glendon, *A World Made New: Eleanor Roosevelt and the Universal Declaration of Human Rights* (New York: Random House, 2001).

〔8〕Marlise Simons, "Tribunal in the Hague Finds Bosnian Serb Guilty of Genocide," *New York Times*, August 3, 2001; Reuters, "Three Bosnian Muslim Officers Face War Crimes in the Hague," *New York Times*, August 4, 2001.

〔9〕犹太教相信，人性是由两种彼此竞争的推力创造的——善的推力（*yetzer tov*）与恶的推力（*yetzer ra*）。善的推力助长人类的道德良知，恶的推力驱使人类满足自身的需要与欲望。恶的推力本身并不坏，但若没有善的推力的抵消，它将会导致恶行。参见 Genesis 6:5, 8:21; Berachos 61a; Sukkah 52a。

〔10〕Stephen Jay Gould, *Wonderful Life: The Burgess Shale and the Nature of History* (New York: Norton, 1989).

〔11〕引自 Richard P. Feynman, *What Do You Care What Other People Think?* (New York: Norton, 1988), p. 241。

第八章

〔1〕他们毫不隐讳要将犹太人赶出欧洲的想法，然而一旦他们决定采取种族灭绝而非驱逐的做法，他们便花了很大的力气将死亡营乔装成劳动营，并且使用委婉的说法如"驱逐到东方"。参见 Robert Rozett and Shmuel Spector, *Encyclopedia of the Holocaust* (New York: Facts on File, 2000), pp. 187—189 与 Jack R. Fischel, *Historical Dictionary of the Holocaust* (Lanham, Md.: Scarecrow, 1999)。

〔2〕"The Politics of Aristotle," quoted in Michael J. Sandel, *Liberalism and the Limits of*

Justice, 2nd ed. (Cambridge: Cambridge University Press, 1988), p. xi.

〔3〕Meditation Ⅲ.

〔4〕参见 Richard P. Feynman, *What Do You Care What Other People Think*? (New York: Norton, 1988), p. 29.

〔5〕参见 Justice Antonin Scalia in *Troxel v. Granville*, 530 U. S. 57 (2000), at p. 91。

〔6〕John Hart Ely, *Democracy and Distrust* (Cambridge, Mass.: Harvard University Press, 1980), p. 49. 希腊罗马时代的人便已察觉到在援引自然法时可能造成的滥用与误用。

〔7〕Ibid.

〔8〕Feynman, *What Do You Care What Other People Think*?, p. 245.

〔9〕Ibid., p. 248.

〔10〕Thomas Hobbes, *Leviathan* (1651), Chapter 18.

〔11〕Stephen Jay Gould and Niles Eldredge, "Punctuated Equilibria: The Tempo and Mode of Evolution Reconsidered," by Francis Heylighen at Principia Cybernetica Web (http://pespmc1.vub.ac.be/Punctueq.html; accessed August 25, 2004)。古尔德—埃尔德里奇理论(Gould-Eldredge Theory)并非没有批评者，其中一位不太公允但却相当机智地将它称为"痉挛造成的演化"。

〔12〕参见 Mary Ann Glendon, "Foundations of Human Rights: The Unfinished Business," *American Journal of Jurisprudence*, 44 (1999), p. 1. 另外也可参见 Jacques Maritain, *The Rights of Man and Natural Law* (San Francisco: Ignatius Press, 1986), pp. 126—127。第一次世界大战造成三千万人伤亡，一些人权也在之后急速出现。

〔13〕沃伦法院(Warren Court)使得《权利法案》数项条款适用于州政府，并且提供刑事被告一定保障，当时的人们普遍相信这种作法助长了犯罪潮，一股希望强化治安的风潮因而产生，使得尼克松(Richard Nixon)赢得了1968年的总统大选。通论性的说明参见 Corinna Barrett Lain, "Countermajoritarian Hero or Zero? Rethinking the Warren Court's Role in the Criminal Procedure Revolution," *University of Pennsylvania Law Review*, 152 (2004), pp. 1361—1452。

〔14〕到目前为止，大部分权利限缩的对象都局限在非美国公民身上，特别是穆斯林与阿拉伯人。

〔15〕该为监禁十万名日裔美国人负责的自由派人士当中，包括小罗斯福、福塔斯(Abe Fortas)与沃伦(Earl Warren)。

〔16〕1971年，美国国会废止了1950年的《紧急监禁法》(Emergency Detention Act)，这项冷战时期的法律授权对可能进行间谍或破坏活动的个人进行预防性监禁。1971年

的法律规定:"除非根据国会立法,任何公民不应受到监禁或拘留。"早在这项立法之前,反对以种族为依据进行大规模监禁的共识已经形成。此外,监禁日裔美国人的行动是在珍珠港事件后经国会批准而进行的,即便这项批准是由总统在背后推动。

第九章

〔1〕有些自然法(以及相关的自然权利)取向假定每个两难都有一个正确答案。这些取向认为,唯有当我们能准确地接近正确来源——上帝、圣经、教会组织、犹太法、沙里亚(the Shari'ah)、自然、理性、定言令式(categorical imperative)、社会契约,乃至于功利主义计算——时,我们才能辨识出正确答案。有些实定法(以及相关的实定法权利)倡导者也主张法律实证主义能为每个法律冲突提供一个正确答案。他们也相信我们能援引正确来源——宪法、成文法、普通法、国际法、条约与其他公认的法律命令——辨识出正确答案。

〔2〕参见 Alan Dershowitz, "When Torture Is the Least Evil of Terrible Options," *The Times Educational Supplement*, June 11, 2004, pp. 20—21。

〔3〕生命权与选择权的争议不断出现在协助自杀、死刑、义战与其他双方壁垒分明的议题的辩论上,而这些辩论如圣经所言,乃是源于人类"拣选生命"的强烈欲望。科学家比较喜欢的说法是,保存自己与家人生命的本能强过保存陌生人生命的本能。

〔4〕参见"Report About English Bill of Rights," *New York Times*, October 2, 2000。

〔5〕华盛顿曾这么说:"现在宽容已毋须再提,仿佛一群人允许另一群人行使固有的自然权利已是常理。"引自 Alan Dershowitz, *The Vanishing American Jew* (Boston: Little, Brown, 1997), pp. 144—145。

〔6〕*Troxel v. Granville*, 530 U.S. 57 (2000)。

第十章

〔1〕参见福廷(Ernest L. Fortin)的文章,收于 Fortin and J. Brian Benestad, *Classical Christianity and the Political Order* (Lanham, Md.: Rowman and Littlefield, 1996)。

〔2〕通论性的说明参见 Peter Gomes, *The Good Book: Reading the Bible with Mind and Heart* (San Francisco: HarperSanFrancisco, 1996)。

〔3〕根据哲学网络百科全书(*Internet Encyclopedia of Philosophy*),"'规则功利主义'是功利主义的一种系统化阐述,它主张,如果采用某种规则所产生的结果对于每个人来说是利大于弊,该行为规章或规则在道德上便是正确的。相对的,'行动功利主义'主张每个行动是否合于道德,取决于该行动的结果是否利大于弊"。

〔4〕Richard P. Feynman, *What Do You Care What Other People Think?* (New York: Norton, 1988), pp. 247—248。

〔5〕参见第十八章。打从美国人的祖先决定离开压迫的故土前往美国这处自由的国度或寻求故乡没有的机会开始，绝大多数的美国人——除了原住民与非裔美国人之外——就成了这项权利的受惠者。

〔6〕Dworkin, *Taking Rights Seriously*, p. 271.

〔7〕参见 Howard Gardner, *Intelligence Reframed: Multiple Intelligences for the Twenty-first Century* (New York: Basic Books, 1999) 与 *Frames of Mind: The Theory of Multiple Intelligences* (New York: Basic Books, 1983)。

〔8〕H. L. A. Hart, *Essays in Jurisprudence and Philosophy* (New York: Oxford University Press, 1983), p. 186.

第十一章

〔1〕H. L. A. Hart, *Essays in Jurisprudence and Philosophy* (New York: Oxford University Press, 1983), p. 54.

〔2〕Albert W. Alschuler, *Law Without Values: The Life, Work, and Legacy of Justice Holmes* (Chicago: University of Chicago Press, 2000), p. 136.

〔3〕参见 Alan Dershowitz, *The Genesis of Justice* (New York: Warner, 2000), pp. 245—259。

〔4〕《民数记》第三十五章第四节至第三十四节。(看到了吧，就连上帝——或至少是祂的翻译者——也将介系词摆在句尾！〔译注：该处的原文为 appoint... cities of refuge... that the manslayer who killed any person *by accident* may flee into.〕)最近的研究显示，报复的冲动很可能源自基因。参见 Benedict Carey, "Payback Time: Why Revenge Tastes So Sweet," *New York Times* (Science Times), July 27, 2004, p. D1。不过，即便如此，也不表示法律不应将报复行为导向符合道德的方向，如圣经记载的逃城。参见 Alan Dershowitz, *Just Revenge* (New York: Warner, 1999)。

〔5〕当我试图辩护某个杀人犯犯了非预谋杀人罪而非谋杀罪时，我经常听到这类的呼喊。我还记得有件案子，我的当事人是一名女性，她因枪杀丈夫而被判处谋杀罪。我在上诉中表示，当事人的丈夫对她施虐的历史，足以让她的罪刑减为非预谋杀人罪。当我结束辩护，一名老妇人朝我走来，她从怀里掏出一张相片："这是我的儿子，我再也见不到他了，这全是那个女人害的。她应该受跟我一样的苦。"我能了解这些被害人家属对我为当事人所作的辩护的愤怒，因为我替夺走他们至亲生命的人争取减刑。

〔6〕《申命记》第十九章第六节。

〔7〕圣经记载了一则报复"过当"的故事，为了报复底拿遭到强奸（或诱拐），底拿的兄弟竟然杀害了示剑全家。

注　释

〔8〕我对涂尔干的法律与道德观点所作的讨论,主要源自科特瑞尔(Roger Cotterrell)在《涂尔干》(*Emile Durkheim: Law in a Moral Domain*, Stanford, Calif.: Stanford University Press, 1999)当中的精彩摘要。如科特瑞尔指出的,涂尔干"从未有系统地论述法律现象,而他的洞见也散见于各个篇章之中"(p. ix)。因此,作为"英语世界里第一部对涂尔干法律理论进行整体详尽分析的著作"(p. x),科特瑞尔的作品是珍贵的研究数据。

〔9〕特别是当主张该权利具普世性的人也同意用来评价社会道德的一般判准时。参见 *Boston Globe*, August 22, 2001, p. A18,文中对于某些北极文化中的"十九世纪风俗"所作的描述,与下面几段讨论的假设状况颇为类似。

〔10〕John Rawls, *A Theory of Justice* (Cambridge, Mass.: Belknap Press, 1971), pp. 118—123.

〔11〕除非实定法包含了某些实质制度内容;参见 Hart, *Essays*, pp. 49—87。

〔12〕*Holmes-Pollock Letters*, ed. Mark De Wolfe Howe (Cambridge, Mass.: Harvard University Press, 1946), Vol. II, p. 36.

〔13〕Jeremy Bentham, *An Introduction to the Principles and Morals and Legislation*, J. H. Burns and H. L. A. Hart, eds. (New York: Oxford University Press, 1996).

〔14〕Cotterrell, *Emile Durkheim*, pp. ix, 17.

〔15〕Ibid., p. 19.

〔16〕Ibid., p. 50。对于一个宗教无权发号施令的社会来说,这种比较相当突兀。不过,涂尔干感兴趣的,不是社会制度施行自身观点的权力,而是社会制度用来进行说服的道德权威。法律若欲具有说服的权威——不同于强制的权威——必须要能体现出社会道德。这是个可受社会学家检证的经验性主张,但它也能转变成规范性主张:唯有体现道德的法律才能长存。不过这种说法也无法完全令人信服,例如至今仍存在的鸡奸法(许多人视此法为不道德的法律),在某些国家,大多数人仍认为鸡奸是不道德的行为,应由政府加以惩罚。

〔17〕Emile Durkheim and Paul Fauconnet, *Sociology and the Social Sciences* (1903; reprint 1982),引自 Cotterrell, *Emile Durkheim*, p. 53。

〔18〕参见 Dershowitz, *Genesis of Justice*。

〔19〕引自 Cotterrell, *Emile Durkheim*, p. 15。

〔20〕Cotterrell, *Emile Durkheim*, p. 57。我承认这些哲学家的确活在真实世界里,但在阅读他们的抽象哲学时,你不一定能感受到这一点。

〔21〕Ibid.

〔22〕Ibid.

〔23〕Ibid., p. 200.

〔24〕Ibid., pp. 115—117.

〔25〕在《创世记》中,亚伯拉罕曾为所多玛的罪人与上帝争论,显示早期犹太教已承认人有批判能力。参见 Dershowitz, *Genesis of Justice*, Chapter 4。

〔26〕Cotterrell, *Emile Durkheim*, p. 159.

〔27〕Ibid., p. 164.

第十二章

〔1〕参见 Ronald Dworkin, *Taking Rights Seriously* (Cambridge, Mass.: Harvard University Press, 1977)。

〔2〕参见 John Hart Ely, *Democracy and Distrust* (Cambridge, Mass.: Harvard University Press, 1980), p. 51; Alan Dershowitz, *America Declares Independence* (Hoboken, N. J.: Wiley, 2003), pp. 123—150。

〔3〕Ely, *Democracy and Distrust*, p. 5.

〔4〕Eugene Genovese, *The Slaveholders' Dilemma* (Columbia: University of South Carolina Press, 1992), p. 38.

〔5〕Ibid., p. 47.

〔6〕Ibid., pp. 27—29.

〔7〕Ibid., pp. 37, 51, 53, 92.

〔8〕M. T. Wheat, *The Progress of Americans; Collateral Proof of Slavery...*, 2nd ed. (Louisville, 1862), p. 19.

〔9〕Ibid., pp. 20, 19.

〔10〕Seth Mydans, "He's Not Hairy, He's My Brother," *New York Times*, August 12, 2001。未来我们或许可以将人类基因植入猿猴体内,或是将猿猴基因植入人类体内。这将会引发令人恐慌的道德争议。

〔11〕Wheat, *The Progress of Americans*, p. 56.

〔12〕这种对于诚实运用选择性论证来证成某种特定做法或结果的健康嘲弄,会在受人尊敬的机构被认为明显以不当方式操弄论证时显现其丑恶的一面,例如为了让联邦最高法院支持的总统候选人"胜选",大法官以多数决接受了原本他们理当否决的论证。参见 Alan Dershowitz, *Supreme Injustice* (New York: Oxford, 2001)。

〔13〕引自 Ely, *Democracy and Distrust*, p. 51。

〔14〕*Dred Scott v. Sandford*, 60 U. S. 393 (1857).

〔15〕*Brown v. Board of Education of Topeka*, 347 U. S. 483 (1954).

第十三章

〔1〕引自 Albert W. Alschuler, *Law Without Values: The Life, Work, and Legacy of Justice Holmes* (Chicago: University of Chicago Press, 2000), p. 136。

〔2〕Alschuler, *Law Without Values*, pp. 189—190.

〔3〕信奉这种持续倡议取向的不光只有我而已,许多人也试图说服他人相信以权利为基础的体系的长期裨益或效用。历史上有许多人,如公民自由意志主义者、人权运动者与无特定派别的个人,也参与了这个过程。我以第一人称作为阐述工具,是为了与他人的观点对比。我的取向并非仰赖特定个人的权利倡议技巧,而是仰赖权利倡议者的集体能力,去说服他人相信历史教训已足以说明比起只以权力——即便是多数人的权力——为基础的体系,以权利为基础的体系更加符合人类的需要。

第十四章

〔1〕并未作选择的人——如北美原住民与非洲奴隶——也有其独特的历史:成为受害者与被压迫者。

〔2〕美国的复杂性与多样性,也表现在它拥有为数可观的只是顺从而从不质疑的威权主义者,尤其是在谈到宗教时。

〔3〕我对美国人相当看重自己权利的看法,与德沃金对美国与英国公民并不在乎某些权利是否遭到废除的看法,两者并不冲突。我的看法也不必然抵触陀思妥耶夫斯基对人类自由的刻画。我们莫不关切自己的权利而忽视他人的权利,特别是当他人的权利与我们的偏好冲突时。

〔4〕我倾向于以"原始假定"来代替"原意",因为法案中的各项假定很少是制定者有意识或明显经过思考的结果。当然美国宪法有些特定条款不让人有解释的空间,如担任公职的年龄限制。

〔5〕伊利高明的司法审查理论——证明司法审查可以清理民主通道——说明从经验来看,许多(虽非全部)权利都可以防止恶行。

〔6〕Learned Hand, *The Spirit of Liberty*, 3rd ed. (New York: Knopf, 1960), p. 190。"自由活在人们心中:一旦人们心中自由已死,宪法、法律、法院无法让它起死回生;宪法、法律、法院根本帮不上忙。如果人们心中存有自由,就不用劳动宪法、法律、法院拯救自由。"

〔7〕在这段美国历史的恐怖时期,法院扮演了重要角色,它对国会的猎巫行动作了程序上的限制。参见 Richard M. Fried, *Nightmare in Red: McCarthy Era in Perspective* (New York: Oxford University Press, 1990), pp. 184—188。

〔8〕参见 Ely, *Democracy and Distrust* (Cambridge, Mass.：Harvard University Press, 1980)。

〔9〕对法律实证主义者来说,修宪程序证明即便是最基本的权利——如言论自由——也是可改变的,而大部分权利也非"不可剥夺"。对某些自然法支持者来说,将宪法第一修正案的言论自由予以删除等于违反了我们的自然权利。对我来说,我会说服我的美国同胞一同反对该项修正,因为言论自由源自我们对检查制度恶行的集体历史与经验。

〔10〕参见 Amartya Sen, *Development as Freedom* (New York：Knopf, 1999)。

〔11〕被害人权利修正案已经数次送进国会审理,但迄今尚未正式制定。

〔12〕联邦最高法院针对2000年总统大选所作的判决,乃是滥用与误用司法审查的典型案例。五位共和党籍的大法官依据宪法的"平等保护"条款——他们完全不理会先前的判决对这个条款所持的扩张观点——下令中止可能改变大选结果的人工计票。借由这种方式,他们可能间接影响了未来最高法院大法官继任的提名人选,并且除去了制衡体系中的重要环节。参见 Bruce Ackerman, "The Court Packs Itself," *The American Prospect*, February 12, 2001。这个判决广受法律界人士的批评,因为它既未能打开民主通道,也未能保障选举权被剥夺者的权利。

第十五章

〔1〕"法律"也同样暧昧不明。各项法律禁止某些种类的堕胎,但各项宪法条文——联邦宪法与州宪法——在经过诠释后却在实定法上确立了选择堕胎的权利,至少是在某些状况下。

〔2〕参见第一章。另外也可参见 Alan Dershowitz, *Contrary to Popular Opinion* (New York：Pharos, 1992), pp. 207—243。

〔3〕有些国家(特别是俄国)的证据显示,轻易堕胎有时可以当作控制生育的工具。

〔4〕例如许多人相信,军队轰炸正当的军事目标是道德的,即便可以预测此举将造成一些(但为数不能太多)无辜的平民死亡。同样的道理,处决许多有罪的杀人犯是可允许的,即便可以想见当中会杂有少数误判的无辜者。参见 Dershowitz, *The Genesis of Justice* (New York：Warner, 2000), chapter 4. 有些人也基于类似的理由而支持至少是在某些状况下的堕胎：目的是为了帮助母亲,而非杀害胎儿。

〔5〕他们指出,法律一般来说并未将堕胎当成谋杀而加以惩罚,这就证明胎儿并非人类。生命权的支持者试图改变这个现象。

第十六章

由2004年纪录片《与福斯斗智：默多克的新闻战争》(*Outfoxed：Rupert Murdoch's War*

注 释

on Journalism）所公开的研究显示，阅听者的新闻来源如果大部分来自福斯新闻频道（Fox News Channel），在时事上被误导的几率会比来自公共电视网（PBS）或公共广播电台（NPR）来得高。这份名为《错误认知、媒体与伊拉克战争》（Misperceptions, the Media and the Iraq War）的国际政策态度计划/知识网络民意调查（PIPA/Knowledge Networks Poll）研究于 2003 年 10 月 2 日发表，研究结果显示，新闻信息绝大多数来自福斯新闻的人当中，有 67% 的人产生一种印象，认为美国有明确证据证明萨达姆与基地组织关系密切，另一方面，新闻信息绝大多数来自公共电视网或公共广播电台的人，则只有 16% 的人有这种错误认知。福斯的阅听者中，有 1/3 的人误信美国已发现伊拉克的大规模毁灭性武器，另一方面，公共电视网或公共广播电台的阅听者却只有 11% 的人相信此事。另外，有 35% 的人的福斯观众不正确地认为世界上大部分人都支持美国对伊战争，相反，公共电视网与公共广播电台的阅听者只有 5% 的人有这种错误认知。

第十八章

〔1〕卡尔霍恩在他 1850 年去世后不久出版的《论美国宪法与政府》（*Discourse on the Constitution and Government of the United States*）中写道："如果宪法原有的权力受到修正，因而剧烈改变了宪法的性格或宪法体系的性质，或者如果原有的权力未能满足原先制定该权力所欲满足的目的时，作为宪法契约缔约者的各州，便有脱离联邦的权利——如同各州有权批准宪法一样——这一点不容任何视宪法为契约的理性者所否认。"John C. Calhoun, *Discourse on the Constitution and Government of the United States*, vol. I of *Works of John C. Calhoun*（New York：D. Appleton, 1883），p. 301。

〔2〕一份发表于 2004 年 3 月 28 日《西雅图时报》（*Seattle Times*）的民调发现，18 到 35 岁之间的受访者有 53 认为应该给予同性伴侣合法结婚的权利，但 65 岁以上的受访者只有 29 同意。Susan Gilmore, "Young People Most Accepting of ay Marriage, Poll Finds," *Seattle Times*, March 28, 2004。宾夕法尼亚大学安能堡全国选举调查（National Annenberg Election Survey）也在 2004 年 2 月 5 日到 8 日的调查中发现，年轻人是最强烈反对宪法修正案禁止同性结婚的一群，相反，老年人则是最强烈反对同性结婚立法的一群。

第十九章

〔1〕在《民数记》第二十章中，上帝因为摩西与亚伦未听祂的话吩咐盘石发水，反而用杖击打盘石供人取水而惩罚两人。

〔2〕我在法学专业领域上首次遭遇动物权，是在一个令人匪夷所思的脉络中发生的，当时美国联邦最高法院对于是否该对 1967 年电影《我好奇之黄》（*I am Curious, Yellow*）进行电检产生争论。首席大法官伯格（Warren Burger）不断以合意的性行为与逗熊这两种情

况的相似之处来作说明(尽管熊并不同意被狗逗弄)。参见 Alan Dershowtiz, *The Best Defense* (New York: Random House, 1982), pp. 165—167。

〔3〕这是滑坡谬误的衍生说法,或者也可说是一种实用主义式的主张,即我们需要建立一道足以保护我们的核心权利的藩篱。关于这点,详见下述。

〔4〕Seth Mydans, "He's Not Hairy, He's My Brother," *New York Times*, August 12, 2001.

〔5〕类似的论点也能用在胎儿身上。当凯利宣称他相信生命始于受胎但却不愿立法反对堕胎时,他被指控创造了一个滑坡,而滑坡的尽头是立法授权杀死婴儿。

第二十章

〔1〕霍布斯在《利维坦》(*Leviathan*)第十七章曾略带讽刺地说:"自然法——如正义、衡平、谦逊、慈悲,总之就是己之所欲必施于人——本身缺乏权力恐怖使人遵从,而且又悖于我们的偏见、骄傲、报复等自然激情。"

〔2〕有些鼓励器官捐赠以挽救生命的正统派犹太人原本反对眼角膜移植,他们认为这么做只能挽救视力,但他们现在也开始提倡眼角膜捐赠,他们之所以改变观点,是因为他们了解到光视力本身也能救命。

〔3〕依法处死的人犯的器官使用也引起道德关注,即使是赞成死刑的人也同样对此存有疑虑。不对外公开的案子风险尤高,实用主义总会影响正义的衡量。假若政府能从器官使用中牟利——或者贩卖器官,或者指定器官移植给特定人士——情况就尤其令人担心。

〔4〕其他的选择包括器官的"期货市场",人们依照价格同意捐出特定器官给"银行",再由银行出售器官给需要器官的人。社会很可能认为这种市场既不公平也不恰当,因此宁可实施强制体系,或是器官受赠者必须局限于愿意捐出器官者的体系。

结 论

〔1〕*The Nation*, March 15, 1971.

〔2〕参见第五章。

〔3〕Cass R. Sunstein, "The Smallest Court in the Land," *New York Times*, July 4, 2004, p. 9.

〔4〕参见导论。

〔5〕为了显示这个议题的复杂性,我们应该注意到,就连一般总是主张活宪法取向的史蒂文斯大法官(John Paul Stevens)也加入了斯卡利亚大法官的阵营,即便斯卡利亚在关塔那摩案中采取较为保守的观点。

〔6〕 *Board of Regents of State Colleges v. Roth*, 408 U. S. 564, 571 (1972), quoting *National Ins. Co. v. Tidewater Co.*, 337 U. S. 582, 646 (1949) (Frankfurter dissenting). *Michael H. v. Gerald D.*, 491 U. S. 110, 138—139 (1989) (Brennan dissenting).

〔7〕 William J. Brennan Jr., speech at the Text and Teaching Symposium, Georgetown University, Washington, D. C. (October 12, 1985), located at http://www.politics.pomona.edu/dml/LabBrennan.htm (accessed August 26, 2004).

〔8〕 参见 Alan Dershowitz, *America Declares Independence* (Hoboken, N. J.: Wiley, 2003), p. 152。

〔9〕 Babylonian Talmud, Baba Mezi'a, p. 59b.

〔10〕 *Schlup v. Delo*, 513 U. S. 298, 317—318 (1995).

〔11〕 *U. S. v. Virginia*, 518 U. S. 428, 441 (2000).

〔12〕 Laurence Tribe, *God Save This Honorable Court* (New York: Random House, 1985), p. 45.

〔13〕 *Michael H. v. Gerald D.*, 491 U. S. 110, 141 (1989).

〔14〕 Brennan, speech at the Text and Teaching Symposium.

〔15〕 并非所有权利都是如此。财产权与携带武器的权利比较受到保守派的支持而遭到自由派的反对。

〔16〕 Brennan, speech at the Text and Teaching Symposium.

〔17〕 Antonin Scalia, "Originalism: The Lesser Evil," 57 *University of Cincinnati Law Review* 849 (1989), at p. 855.

〔18〕 Antonin Scalia, *A Matter of Interpretation* (Princeton: Princeton University Press, 1997), pp. 3—47.

〔19〕 参见 Dershowitz, *The Genesis of Justice* (New York: Warner, 2000), pp. 208—209。

〔20〕 这项分析再次证明我们目前使用的政治词汇的不适切："自由派"通常用来描述会保存或扩张既定权利的人,而"保守派"则用来描述会限缩这些权利的人,特别是当权利限缩乃是出于宪法适应变迁恶行的必要时。

〔21〕 参见 Dershowitz, *Supreme Injustice* (New York: Oxford University Press, 2001)。

〔22〕 大多数情况下支持功能性或活宪法观点的道格拉斯大法官经常引用历史、传统与原意,但前提是这些根据能支持他赞同的实质结果。参见他在两个案例中写的异议意见书;在这两个案例中,联邦最高法院认为判决不需以陪审团全体意见一致为要件。*Johnson v. Louisiana* and *Apodaca v. Oregon*, 406 U. S. at p. 380。道格拉斯写道:"尽管尊重多数意见,但我仍不同意这种激烈悖离美国传统的判决……陪审团一致同意早已镶嵌

于我国法制史之中,没有人质疑其宪政地位,因此也没有必要将其明文化。的确,联邦最高法院过去从未判决要求刑事案件必须陪审团一致同意,因为这已是无人质疑的宪法假定……今日……两个世纪的美国历史竟被冷落一旁……除非美国宪法重新制定,否则我们应该支持与解释现在这部宪法。而这部宪法向来都能满足我们的需要。身为终生任职的法官,能够坐在这里纯属偶然,我们是最不应该参加法规修订委员会的人,也不应该更改与本案相关的各项权利。"(406 U. S. at pp. 381—394) 马歇尔大法官也在同一个案例中引用历史资料来表达异议意见:"我们被要求判决什么是宪法第六修正案保障的'陪审团'的性质。我认为历史可以提供适当的指导……然而多数法官从'功能'的角度分析陪审团,因此逐步将我们所知的陪审团特殊性质剥除殆尽。"(406 U. S. at p. 400)

〔23〕杰克逊大法官的名言:"我们不是因为完全不会犯错才成为最后的仲裁者,而是因为我们是最后的仲裁者所以我们不会犯错。" Concurring opinion, *Brown v. Allen*, 344 U. S. 443(1953), at p. 540。

〔24〕参见 Dershowitz, *Supreme Injustice*, pp. 185—197,当中讨论对法院的依赖是如何削弱了女性选择堕胎的权利。

著作权合同登记号　图字:01-2013-2713

图书在版编目(CIP)数据

你的权利从哪里来?/(美)艾伦·德肖维茨(Dershowitz, A. M.)著;黄煜文译. —北京:北京大学出版社,2014.1
ISBN 978-7-301-23536-2

Ⅰ.①你… Ⅱ.①德… ②黄… Ⅲ.①权利-理论研究 Ⅳ.①D0

中国版本图书馆 CIP 数据核字(2013)第 287987 号

Rights From Wrongs: A Secular Theory of the Origins of Rights by Alan Morton Dershowitz
Copyright © 2004 by Alan Morton Dershowitz
Published by Basic Books, A Member of the Perseus Books Group
Simplified Chinese translation copyright © 2014 by Peking University Press.
ALL RIGHTS RESERVED.

书　　　名	你的权利从哪里来?
	NI DE QUANLI CONG NALI LAI?
著作责任者	[美]艾伦·德肖维茨　著　黄煜文　译
责任编辑	杨玉洁
标准书号	ISBN 978-7-301-23536-2
出版发行	北京大学出版社
地　　　址	北京市海淀区成府路 205 号　100871
网　　　址	http://www.pup.cn　http://www.yandayuanzhao.com
电子邮箱	编辑部 yandayuanzhao@pup.cn　总编室 zpup@pup.cn
新浪微博	@北京大学出版社　@北大出版社燕大元照法律图书
电　　　话	邮购部 010-62752015　发行部 010-62750672
	编辑部 010-62117788
印　刷　者	河北博文科技印务有限公司
经　销　者	新华书店
	880 毫米×1230 毫米　A5　7.125 印张　200 千字
	2014 年 1 月第 1 版　2025 年 5 月第 13 次印刷
定　　　价	35.00 元

未经许可,不得以任何方式复制或抄袭本书之部分或全部内容。
版权所有,侵权必究
举报电话:010-62752024　电子邮箱:fd@pup.cn
图书如有印装质量问题,请与出版部联系,电话:010-62756370